Liebe Leserin,
lieber Leser!

In Ihrem pädagogischen Alltag haben Sie es ständig auch mit rechtlichen Fragen zu tun: Dürfen Sie Paul eigenmächtig Hustensaft verabreichen, weil er stark erkältet ist, oder kann Ihnen das bereits als Körperverletzung ausgelegt werden? Dürfen die Eltern am Waldtag eine Fahrgemeinschaft bilden und die KiTa-Kinder im privaten Pkw transportieren? Darf Herr Maier seine Tochter vom Kindergarten abholen, obwohl die Mutter das alleinige Sorgerecht hat? Und wie sieht es mit der Aufsichtspflicht der pädagogischen Fachkräfte aus: Wann beginnt, wann endet sie? Kann sie delegiert werden? Und wer haftet im Falle einer Aufsichtspflichtverletzung?

Dieses Heft vermittelt Ihnen die wichtigsten rechtlichen Grundlagen für die pädagogische Arbeit in KiTa und Kindergarten und eignet sich daher ebenso für die Ausbildung wie für die Berufspraxis von ErzieherInnen. Es informiert Sie über die Leistungen der Jugendhilfe, neue gesetzliche Regelungen (z. B. TAG und KICK) und darüber, was Sie bei Verdacht auf Kindeswohlgefährdung tun können. Auch die elterliche Sorge, die Rechtsbeziehung zwischen Eltern und KiTa sowie die Mitwirkungsmöglichkeiten von Eltern werden ausführlich thematisiert, ist das Wissen darüber doch unerlässliche Voraussetzung für eine konstruktive Zusammenarbeit mit Eltern. Schließlich wird der Komplex der Kinderrechte und der Kinderbeteiligung – in der Praxis oft vernachlässigt – umfassend dargestellt, denn nur mit den entsprechenden Kenntnissen können Sie dem gesetzlich verankerten Partizipationsauftrag gerecht werden.

So bietet Ihnen dieses Einführungs- und Nachschlagewerk rechtliches Grundlagenwissen sowie die Klärung konkreter Rechtsfragen, die in Ihrem pädagogischen Alltag auftauchen. Zudem erhalten Sie wichtige Tipps und Hinweise, die Sie bei der Umsetzung Ihres neuen Wissens in die Praxis unterstützen.

Eine informative und spannende Lektüre wünscht Ihnen

Carolin Küstner
Redaktion basiswissen kita –
kindergarten heute

basiswissen kita: Von Elternrecht bis Aufsichtspflicht – Rechtliche Grundlagen für die pädagogische Arbeit ist ein Sonderheft von „kindergarten heute – Fachzeitschrift für Erziehung, Bildung und Betreuung von Kindern"

Redaktion
Carolin Küstner (verantw.)

Anschrift der Redaktion
Hermann-Herder-Str. 4
79104 Freiburg
Tel.: 0761/27 17 - 495
Fax: 0761/27 17 - 240
E-Mail:
redaktion@kindergarten-heute.de
www.kindergarten-heute.de

Verlag
Alle Rechte vorbehalten –
Printed in Germany
© Verlag Herder,
Freiburg im Breisgau 2007
www.herder.de

Fotos
Hartmut W. Schmidt, Freiburg

Grafik, Satz und digitale Bearbeitung
MEDIENHAUS-LAHR:
Reprographia GmbH & Co. KG
Frank & Konsorten, Werbeagentur

Druck
fgb · freiburger graphische betriebe 2011
www.fgb.de

Leserservice
Verlag Herder GmbH
Hermann-Herder-Str. 4
79104 Freiburg
Tel.: 0761/27 17 - 379
0761/27 17 - 244
Fax: 0761/27 17 - 249
E-Mail: kundenservice@herder.de

Gedruckt auf chlorfrei gebleichtem Papier.

Titel Nr. 240
ISBN: 978-3-451-00240-3

4. Auflage

DIE AUTORINNEN

Petra Stamer-Brandt

ist Erzieherin und Diplom-Sozialpädagogin. Sie arbeitet als Studiendirektorin an der Fachschule für Sozialpädagogik in Hamburg-Altona und unterrichtet dort sozialpädagogische, organisatorische und rechtliche Lernfelder. Zudem ist sie als Fachbuchautorin, Pädagogische Organisationsberaterin und auch in der Weiterbildung tätig.

Ricarda Ulbrich

ist Fachanwältin für Arbeitsrecht und praktiziert in einer Anwaltskanzlei in Freiburg. Dort liegen ihre Schwerpunkte in den Bereichen Arbeits-, Sozial-, Beamten- und allgemeines Zivilrecht. Zudem ist sie als Dozentin für Arbeits- und Sozialrecht bei der Gewerbeakademie Freiburg sowie beim Bildungszentrum der Industrie- und Handelskammer Südlicher Oberrhein tätig. Sie hat das vorliegende Heft juristisch begutachtet und das Kapitel „Aufsichtspflichtverletzung und Haftung" verfasst.

Dieses Heft richtet sich an ErzieherInnen und Leitungskräfte in Kindertageseinrichtungen, Träger, Lehrende und Lernende in Aus- und Fortbildung sowie Tagespflegepersonen. Es wendet sich an alle, die mit Kindern arbeiten und sich über die für den pädagogischen Alltag relevanten rechtlichen Fragen umfassend informieren wollen.

INHALT

GRUNDLAGEN DER JUGENDHILFE

- Was die Jugendhilfe leistet

- Das Wohl des Kindes

- Gefährdung des Kindeswohls

- Vernetzungsauftrag der Jugendhilfe

- Qualifikation der Fachkräfte

In Deutschland werden unter Jugendhilfe alle Leistungen und Aufgaben freier und öffentlicher Träger zugunsten junger Menschen und deren Familien zusammengefasst. ErzieherInnen sollten darüber Bescheid wissen, um Eltern beraten und bei Verdacht auf Kindeswohlgefährdung die richtigen Maßnahmen ergreifen zu können.

Was die Jugendhilfe leistet

Vermutlich arbeiten Sie in einer Kindertageseinrichtung und vielleicht haben Sie auch eigene Kinder, die eine KiTa besuchen oder regelmäßig Gäste im Haus der Jugend sind. Vielleicht gibt es in Ihrer Familie oder in Ihrem Bekanntenkreis Adoptiv- oder Pflegekinder oder Sie selbst haben gerade einer Mutter die Adresse einer Familienberatungsstelle gegeben. Wenn das so ist, sind Sie

ErzieherInnen sollten über die Aufgaben und Ziele der Jugendhilfe Bescheid wissen.

bereits mehrfach mit der Jugendhilfe konfrontiert gewesen. Auch Ihr Arbeitsplatz ist mit den Leistungen der Jugendhilfe verknüpft. Deswegen ist es wichtig, über deren Ziele und Funktionen Bescheid zu wissen. Schließlich nehmen Sie nicht nur Leistungen der Jugendhilfe in Anspruch; Sie werden auch häufig Eltern beraten müssen und sollten deshalb das breite Spektrum an Hilfen und Angeboten kennen.

Das Achte Sozialgesetzbuch
Das Sozialgesetzbuch (SGB) VIII
• regelt allgemein die Leistungen

und Hilfeangebote gegenüber Kindern und Jugendlichen sowie deren Familien,
• formuliert den Erziehungs-, Bildungs- und Betreuungsauftrag von Kindertageseinrichtungen,
• beschreibt den Auftrag der Familienorientierung von Kindertageseinrichtungen,
• formuliert einen sozialintegrativen Auftrag: Jugendhilfe soll dazu beitragen, „positive Lebensbedingungen für junge Menschen und ihre Familien sowie eine kinder- und familienfreundliche Umwelt zu erhalten oder zu schaffen" (§ 1 Abs. 3 Nr. 4),
• formuliert einen Gleichberechtigungsauftrag: Bei der Erfüllung der Aufgaben sind „die unterschiedlichen Lebenslagen von Mädchen und Jungen zu berücksichtigen, Benachteiligung abzubauen und die Gleichberechtigung von Jungen und Mädchen zu fördern" (§ 9 Nr. 3),
• befördert die Partizipation von Kindern und Jugendlichen: „Kinder und Jugendliche sind entsprechend ihrem Entwicklungsstand an

allen sie betreffenden Entscheidungen der öffentlichen Jugendhilfe zu beteiligen" (§ 8 Abs. 1 S. 1),
• befördert ebenso die Partizipation der Eltern: Die Fachkräfte in den Einrichtungen sollen „mit den Erziehungsberechtigten und Tagespflegepersonen zum Wohl der Kinder und zur Sicherung der Kontinuität des Erziehungsprozesses" zusammenarbeiten. „Die Erziehungsberechtigten sind an den Entscheidungen in wesentlichen Angelegenheiten der Erziehung, Bildung und Betreuung zu beteiligen" (§ 22 a Abs. 2).

Vorgaben für ErzieherInnen
Die Kindertageseinrichtung und Sie als deren Mitarbeiterin haben also durch das SGB VIII klare Zielvorgaben für die pädagogische Arbeit bekommen. Ihre Aufgabe besteht im Wesentlichen darin, folgende Aspekte zu berücksichtigen:
1. Erziehung, Bildung und Betreuung
2. Familienorientierung
3. Partizipation von Kindern und Eltern
4. Soziale Integration
5. Gleichberechtigung
6. Sozialraumorientierung (Zusammenarbeit mit anderen öffentlichen Einrichtungen, z. B. Beratungsstellen)
7. Planungsverantwortung (Verantwortung für die sinnvolle Planung der pädagogischen Arbeit)

Zum Beispiel Simon
Simon (4,5 Jahre) lebt mit seiner alleinerziehenden Mutter und seinen vier schulpflichtigen Geschwistern in einem sozialen Brennpunkt. Die Mutter ist mit ihrer Situation völlig über-

Gesetzliche Regelung der Kinder- und Jugendhilfe

In Deutschland werden unter Kinder- und Jugendhilfe alle Leistungen und Aufgaben freier und öffentlicher Träger zugunsten junger Menschen und deren Familien zusammengefasst. Diese wurden 1990/91 im Achten Buch des Sozialgesetzbuches (SGB VIII) neu zusammengestellt und grundlegend überarbeitet. Dieses Gesetz wird in der Praxis auch häufig als Kinder- und Jugendhilfegesetz (KJHG) bezeichnet, wobei beide nicht ganz identisch sind. Das KJHG ist ein Artikelgesetz mit 24 Artikeln; die wesentlichen Bestimmungen finden sich in Artikel 1. Dieser bildet das SGB VIII mit über 100 Einzelparagrafen. Das SGB VIII wurde zuletzt durch das Tagesbetreuungsausbaugesetz (TAG) von 2004 sowie durch das Gesetz zur Weiterentwicklung der Kinder- und Jugendhilfe (KICK) von 2005 novelliert.

fordert. Sie bemerkt weder Simons sprachliche Defizite noch seine Probleme in der motorischen Entwicklung und seinen Mangel an sozialer Kompetenz. Nichtsdestotrotz liebt Simons Mutter ihre Kinder und möchte ihnen ein möglichst problemfreies Aufwachsen ermöglichen. Da sie selbst die Defizite nicht wahrnimmt (ihr fehlt nicht nur das entsprechende Wissen, sondern auch ein angemessener Vergleich in ihrem sozialen

systematisch beobachten, Ihre Beobachtungen dokumentieren und Schlussfolgerungen für eine individuelle Förderung daraus ableiten. Für die Unterstützung der Mutter benötigen Sie fachliche Kenntnisse, kommunikative und Beratungskompetenz sowie die Fähigkeit, mit unterschiedlichen Zielgruppen adäquat umzugehen bzw. sie an die richtigen Stellen weiterzuverweisen.

kein verlässliches Arbeitsende in Sicht ist. Ein Beratungsgespräch mit Frau B. ist dringend notwendig. Die KollegInnen überlegen im Vorfeld gemeinsam, welche Hilfen sie Frau B. anbieten können, um auf ihre familiäre Situation angemessen zu reagieren. Dabei sollten folgende Aspekte diskutiert und schriftlich festgehalten werden:

Das TAG befasst sich mit dem qualitäts- und bedarfsgerechten Ausbau der Tagesbetreuung.

Umfeld), ist es Aufgabe von Simons Erzieherin in der KiTa, sich um die Förderung des Jungen zu kümmern, ihm Chancengleichheit zu bieten und sich darüber hinaus der Mutter zuzuwenden, die Beratung und Hilfe benötigt.

Als (sozial-)pädagogische Fachkraft erwartet der Gesetzgeber von Ihnen, dass Sie über analytische, planerische, kommunikative, organisatorische und selbstreflexive Kompetenzen verfügen, das soziale Umfeld der Kinder, mit denen Sie arbeiten, kennen, wissen, welche Einflüsse und welche Entwicklungschancen und -hemmnisse sich daraus ableiten lassen und wie Sie individuelle Hilfen für das Kind und seine Mutter entwickeln können. Von Ihnen wird zudem erwartet, dass Sie die Kinder

Zum Beispiel Katharina

Katharina (5 Jahre) ist das einzige Kind der alleinerziehenden Frau B. Frau B. arbeitet im Hotel- und Gaststättengewerbe und hat dort unregelmäßige Arbeitszeiten sowie Schichtdienst. Dies führt dazu, dass es immer wieder zu Problemen kommt. Manchmal steht Katharina schon vor der Tür, wenn die KiTa morgens öffnet, oder sie wird viel zu spät von ihrer Mutter abgeholt. Die ErzieherInnen sind einerseits verständnisvoll, andererseits aber auch verärgert, weil sie immer wieder Überstunden machen müssen und

- Durch welches Angebot lässt sich die Betreuung am besten sichern?
- Gibt es Gesichtspunkte (z. B. Gesundheitszustand, psychische Entwicklung des Kindes), die eher für die Betreuung durch eine Tagesmutter sprechen?
- Ist es wichtig für das Kind, mit anderen Kindern in Kontakt zu kommen?
- Gibt es eine adäquate Einrichtung in erreichbarer Nähe?

In der Regel nimmt der Kindergarten in der Tagesbetreuung einen herausgehobenen Platz ein. Seit dem 1.1.1996 hat jedes Kind vom vollendeten dritten Lebensjahr bis zum Schuleintritt einen Rechtsanspruch auf einen Kindergartenplatz. Beide Fallbeispiele machen die Beratungsfunktion von ErzieherInnen deutlich.

TAG

Das Tagesbetreuungsausbaugesetz (TAG) aus dem Jahr 2004 befasst sich mit dem qualitätsorientierten und bedarfsgerechten Ausbau der Tagesbetreuung zur Weiterentwicklung der Kinder- und Jugendhilfe. Der Gesetzgeber regelt darin u. a. gemeinsame Grundsätze der Förderung von Kindern in Tageseinrichtungen und Tagespflege. Von besonderer Bedeutung sind in diesem Zusammenhang die Paragrafen 22 bis 24 a SGB VIII, in denen die Verpflichtung des Jugendamtes konkretisiert wird, Plätze für Kinder unter drei Jahren vorzuhalten. Dafür werden Qualitätsmerkmale formuliert. § 24 Abs. 4 SGB VIII verpflichtet die Jugendämter, Eltern über das Betreuungsangebot im Einzugsbereich zu informieren und sie bei der Auswahl zu beraten. Die Jugendämter sollen künftig auch sicherstellen, dass ErzieherInnen mit Eltern und anderen familienbezogenen Institutionen, insbesondere Familienberatungsstellen und Schulen, zusammenarbeiten.

Das Wohl des Kindes

Anna (4 Jahre) ist ein sehr ruhiges, auffällig ungepflegtes Kind. Zudem stürzt sie sich jeden Tag als erste auf das zweite Frühstück. Annas Erzieherin vermutet, dass sie zu Hause kein Frühstück bekommt, und überlegt, ob diese Anzeichen wohl schon als eine Gefährdung des Kindeswohls zu betrachten sind. Bevor sie einen voreiligen Schluss zieht, sollte sie den Fall mit ihren KollegInnen besprechen:

- Machen die KollegInnen ähnliche Beobachtungen?
- Kennen sie die häusliche Situation von Anna?
- Wie äußert sich Anna selbst zu ihrer Situation (z. B. im Rollenspiel, durch Zeichnungen)?
- Wie haben sich Annas Eltern im Aufnahmegespräch dargestellt?

Annas Erzieherin kommt relativ schnell zu dem Schluss, dass keine Gefahr im Verzug ist, weil Anna sehr liebevolle Eltern hat, die lediglich andere Vorstellungen von Ordnung und Sauberkeit haben. Sie beschließt dennoch, mit Annas Eltern zu sprechen, weil sie befürchtet, dass Anna von den anderen Kindern gehänselt wird.

Ein unbestimmter Rechtsbegriff

In erster Linie besteht Ihre Aufgabe darin, das Wohl der Kinder, mit denen Sie arbeiten, sicherzustellen. Das ist komplizierter als man zunächst annimmt, denn „Kindeswohl" ist ein unbestimmter Rechtsbegriff. Sie müssen selbst Kriterien festlegen, die das Wohl des Kindes aus Ihrer Sicht beschreiben. Das sollten Sie mit Ihren KollegInnen gemeinsam tun und dabei auch die Eltern einbeziehen. Denn: Eltern müssen z. B. wissen, welche Erwartungen Sie in Bezug auf den „Pflege-

zustand" der Kinder haben. Für Eltern, die diesem Anspruch nicht gerecht werden, können Sie Hilfen anbieten (zweimal in der Woche ist in der KiTa Duschtag, morgens wird ein Büfett für Kinder, die zu Hause nicht frühstücken konnten, bereitgestellt, eine Waschmaschine steht für die Eltern zur Verfügung etc.).

In § 1697 a Bürgerliches Gesetzbuch (BGB) wird das Wohl des Kindes zum allgemeinen Prinzip richterlicher Entscheidungen erhoben. Das bedeutet, dass in letzter Instanz der Richter entscheidet, ob das Wohl des Kindes gefährdet ist. Das ist von großer Bedeutung, da eine Gefährdung für Eltern und Kind Folgen haben kann. Bei einem hohen Gefährdungsgrad kann das Kind sofort aus der Familie entfernt werden. Auch im Sozialrecht ist das Kindeswohl ganz oben angesiedelt. In § 1 Abs. 3 SGB VIII heißt

gen, Sozialarbeitern und nicht zuletzt bei Eltern oder Elternteilen häufig weit auseinander. Als Konstante im zumeist dissonanten Konzert der unterschiedlichen Positionen kann allenfalls ausgemacht werden, dass die Kinder und Jugendlichen selbst zu der Frage, was in ihrem besten Interesse liegt, häufig nicht einmal gehört werden." Und weiter: „Ein am Wohl des Kindes (Best Interest of the Child) ausgerichtetes Handeln wäre (…) dasjenige Handeln, das die an den Grundbedürfnissen und Grundrechten von Kindern orientierte, jeweils am wenigsten schädigende Handlungsalternative wählt" (Maywald 2002).

Die in diesem Heft nach Jörg Maywald zitierten Passagen entstammen dem Artikel „Kindeswohl und Kindesrechte", in: Zeitschrift „frühe Kindheit" Heft 4/2002.

„Kindeswohl" ist ein unbestimmter Rechtsbegriff, d. h. er wird nirgendwo genau definiert.

es u. a., dass „Jugendhilfe (…) Kinder und Jugendliche vor Gefahren für ihr Wohl schützen (soll)". Allerdings wird in keinem Gesetz definiert, was unter „Kindeswohl" genau zu verstehen ist und wann es als gefährdet zu gelten hat. Jörg Maywald, Geschäftsführer der Deutschen Liga für das Kind, setzt sich mit diesem schwierigen Begriff wie folgt auseinander: „Das so genannte Kindeswohl ist vermutlich der am meisten strapazierte und zugleich am heftigsten umstrittene Begriff, wenn es darum geht, Entscheidungen für Kinder und mit Kindern zu treffen und zu begründen. Was, wann und unter welchen Umständen im wohl verstandenen Interesse eines Kindes oder Jugendlichen liegt, darüber gehen die Meinungen bei Richtern, Anwälten, Medizinern, Psychologen, Pädago-

Die kindlichen Grundbedürfnisse

Da die KiTa dafür zuständig ist, das Wohl des Kindes zu sichern, sollten die Fachkräfte auf jeden Fall gemeinsam definieren, welche Grundbedürfnisse von Kindern hierfür unbedingt befriedigt werden müssen. „Erste Versuche einer Konkretisierung basaler kindlicher Bedürfnisse sind in der Kindeswohl-Trilogie von Goldstein, Freud und Solnit (1974, 1982, 1988) zu finden. Zu den grundlegenden Bedürfnissen rechnen sie Nahrung, Schutz und Pflege, intellektuelle Anregungen und Hilfe beim Verstehen der Innen- und Außenwelt. (…)

Von Fegert (2002) stammt der Versuch, sechs Grundbedürfnisse (Basic Needs of Children) zu identifizieren und die negativen Folgen bei deren Nichtbeachtung zu beschreiben. Hierzu gehören

1. **Liebe, Akzeptanz und Zuwendung:** Der Mangel an emotionaler Zuwendung kann zu schweren körperlichen und psychischen Deprivationsfolgen bis hin zum psychosozialen Minderwuchs und ‚failure to thrive' (nicht organisch bedingten Gedeihstörungen) führen.
2. **Stabile Bindungen:** Bindungsstörungen zeigen sich bei kleinen Kindern zunächst in Auffälligkeiten der Nähe-Distanz-Regulierung und können später zu massiven Bindungsstörungen führen.
3. **Ernährung und Versorgung:** Als Folgen einer Mangel- oder Fehlernährung treten Hunger, Gedeihstörungen und langfristig körperliche sowie kognitive Entwicklungsbeeinträchtigungen auf.
4. **Gesundheit:** Mängel im Bereich der Gesundheitsfürsorge führen zu vermeidbaren Erkrankungen mit unnötig schwerem Verlauf, z. B. infolge von Impfmängeln, Defektheilungen etc.
5. **Schutz vor Gefahren von materieller und sexueller Ausbeutung:** Psychisch können diese Belastungen zu Anpassungs- bzw. posttraumatischen Störungen führen, die durch eine Fülle von Symptomen und teilweise langfristige Erkrankungsverläufe gekennzeichnet sind.
6. **Wissen, Bildung und Vermittlung hinreichender Erfahrung:** Mängel in diesen Bereichen führen zu Entwicklungsrückständen bis hin zu Pseudodebilität" (Maywald 2002).

Tipp:

Versäumen Sie nicht, diese Aspekte mit Inhalt zu füllen und das gemeinsame Verständnis zu klären. Fragen Sie sich im Team:
- Woran können wir erkennen, dass Kindern Akzeptanz und Zuwendung fehlen?
- Welche Indikatoren gibt es für eine fehlende Bindung?
  (s. Laewen/Andres 2002)
- Wie lassen sich Ernährungs- und andere Gesundheitsmängel erkennen?
- Über welche Kompetenzen sollten Kinder in bestimmten Altersspannen verfügen? etc.

Um diese Fragen beantworten zu können, sind Sie auf die Zusammenarbeit mit Experten (z. B. Familienberatungsstellen, Psychologen, Kinderärzten) sowie auf entsprechende Fachlektüre angewiesen.

Gefährdung des Kindeswohls

Kira (5 Jahre) hat sich verändert. Sie ist unkonzentriert, zieht sich häufig zurück und zuckt zusammen, wenn sich ihr jemand nähert. Auffallend ist auch, dass sie selbst bei großer Hitze langärmelige T-Shirts und Hosen trägt. Trotzdem entdeckt die Erzieherin die blauen Flecken, mit denen Kiras Körper übersät ist. Kira gibt an, die Treppe heruntergefallen zu sein. Und das nicht zum ersten Mal. Diverse Verletzungen und blaue Flecken hat sie sich in den letzten Monaten angeblich zugezogen, weil sie gestürzt ist, sich gestoßen hat oder von ihrem Bruder geboxt wurde. Kiras Erzieherin vermutet, dass eine Misshandlung vorliegt, und überlegt, wie sie tätig werden kann.

Was können ErzieherInnen tun?

Immer wieder kommt es vor, dass Kinder von ihren Eltern misshandelt oder gar sexuell missbraucht werden. In diesem Fall muss der Staat eingreifen und tut es auch, weil die Gefährdung eindeutig ist. Es gibt aber auch immer wieder (berechtigte?) Zweifel am Gefährdungsbegriff. Ist ein Kind in seiner Entwicklung gefährdet, wenn es nur zwei Mahlzeiten am Tag erhält, die körperliche Pflege zu wünschen übrig lässt, es aber trotzdem von den Eltern heiß geliebt wird? Oder ist ein Kind gefährdet, weil seine Eltern es aus religiösen Gründen nicht impfen lassen und im Notfall eine Bluttransfusion ablehnen?

Um akute Gefährdungssituationen vermeiden zu helfen bzw. ein Stück Präventionsarbeit zu leisten, ist es generell notwendig, den Eltern zu vermitteln, dass Sie den Kindern ein hohes Maß an Aufmerksamkeit schenken und dass die Eltern, wenn sie sich überfordert fühlen, zu Ihnen kommen und um Rat und Hilfe bitten können. Der Staat hat die gesetzlich verankerte Aufgabe, alle erdenklichen Maßnahmen zu ergreifen, die eine Gefährdung des Kindes und eine Trennung vom Elternhaus verhindern. Dabei spielen Sie als Erzieherin eine wichtige Rolle. Ihr Handlungsauftrag lautet:
- Die Eltern sind bei den Aufgaben der Versorgung und Erziehung ihrer Kinder zu unterstützen und zu entlasten.
- Die Kinder sind insbesondere präventiv vor Gefahren für ihr Wohl zu schützen.

geeignete und notwendige Hilfen, insbesondere durch Hilfen zur Erziehung gemäß §§ 27 ff SGB VIII, „eine dem Wohl des Kindes oder Jugendlichen entsprechende Erziehung" gewährleistet werden kann. Dennoch bleibt festzuhalten: Es gibt keine objektiv überprüfbaren, allgemein gültigen Kriterien für eine Kindeswohlgefährdung!

Maßnahmen bei Gefährdung

Sollten Sie eine Gefährdung des Kindeswohls vermuten, müssen Maßnahmen ergriffen werden. Die konkreten Schritte sehen wie folgt aus (vgl. auch Kapitel „Die neue gesetzliche Regelung"):

1. Kollegiale Beratung mit dem Ziel der Übereinstimmung bezüglich der Gefährdungsanalyse,
2. Gespräch mit den Eltern mit dem Ziel der Abwendung der Gefahr,
3. Beratung der Eltern mit dem Ziel, dass diese fachliche Hilfe (Erziehungsberatung) in Anspruch nehmen,
4. Einschaltung des Jugendamtes, wenn die Eltern keine Hilfe annehmen.

Dabei haben alle Beteiligten die datenschutzrechtlichen Regelungen

Beide Aufgaben sind gleichrangig, wobei der Schutz der Kinder vor allem durch Entlastung und Hilfe für die Eltern realisiert werden muss. Die Eltern müssen erkennen können, dass alle Interventionen ihrer Unterstützung dienen sollen. Das setzt ein echtes Vertrauensverhältnis zwischen ErzieherInnen und Eltern voraus. An erster Stelle gilt es, den Eltern zu vermitteln, dass die Fachkräfte alle Gespräche, auch die über eine möglicherweise vorliegende Gefährdung, vertraulich behandeln. Sieht die KiTa keine andere Möglichkeit, als das Jugendamt einzuschalten, so wird dort geprüft, ob durch

SGB VIII). Ohne Einwilligung der Eltern dürfen Daten daher nur an das Jugendamt weitergegeben werden, wenn konkrete Anhaltspunkte für eine Kindeswohlgefährdung vorliegen" (KiTa spezial: Recht, Sonderausgabe 2/2005, S. 26).

Ihre Aufgabe als Erzieherin wird es zudem immer sein, in einem reflexiven Verfahren die Einschätzungen und Prognosen zu überprüfen und dadurch abzusichern. Das bedeutet für Sie konkret:

- Intensive Beobachtung der Kinder, auch unabhängig von einer Gefährdungsvermutung und Wahrnehmung von Veränderungen,
- regelmäßige Dokumentation der Beobachtungen mit Hinweisen auf Besonderheiten und mögliche Zusammenhänge,
- ständige Überprüfung der eigenen Wahrnehmung durch KollegInnen,
- regelmäßiger Elternkontakt,
- Dokumentation der mit den Eltern verabredeten Hilfsmaßnahmen,
- konkrete Vereinbarungen mit den Eltern und Kontrolle, ob diese auch eingehalten werden,
- Weitervermittlung der Eltern an Fachleute und soziale Dienste (z. B. Beratungsstellen).

Aufgaben, die eine Erzieherin immer zu erfüllen hat !!!

Das KICK verbessert den Schutz von Kindern und Jugendlichen bei Gefahr für ihr Wohl.

des SGB VIII einzuhalten: „Zu beachten ist, dass Informationen – beispielsweise aus der mit den Eltern gemeinsam vorgenommenen Abschätzung des Gefährdungsrisikos – teilweise als Daten zu bewerten sind, die den MitarbeiterInnen zum Zwecke persönlicher und erzieherischer Hilfen anvertraut worden sind und die daher einem besonderen Vertrauensschutz unterliegen (§ 65

Ebenso ist es notwendig, mit den KollegInnen im Vorfeld gemeinsam zu klären:

- Wann ist eine „Schmerzgrenze" der Gefährdung erreicht?
- Wer muss diese Schmerzgrenze erreichen (das Kind, die Eltern, beide, die ErzieherInnen)?

KICK

Das Gesetz zur Weiterentwicklung der Kinder- und Jugendhilfe (KICK), das 2005 in Kraft getreten ist, verbessert
- den Schutz von Kindern und Jugendlichen bei Gefahren für ihr Wohl,
- die fachliche und wirtschaftliche Steuerungskompetenz des Jugendamtes,
- die Wirtschaftlichkeit von Leistungen der Kinder- und Jugendhilfe sowie
- die Datenlage der Kinder- und Jugendhilfe
- und unterstützt die durch das Tagesbetreuungsausbaugesetz (TAG) initiierte Verbesserung der Kinderbetreuung.

- Aufgrund welcher halbwegs objektiver Faktoren dürfen/müssen wir als ErzieherInnen intervenieren?
- Wie lange dürfen/müssen Interventionen dauern?
- Welche Formen der Intervention sind überhaupt akzeptabel und von uns durchzuführen, wann muss professionelle Hilfe einsetzen?

Die neue gesetzliche Regelung

Bei Verdacht auf und bei bereits festgestellter Kindeswohlgefährdung gilt der Schutzauftrag durch den neuen § 8 a SGB VIII (vgl. KICK). Pädagogische Fachkräfte sind nun verpflichtet, Meldung beim Jugendamt zu machen, wenn das Kindeswohl aus ihrer Sicht gefährdet ist.

lich wurde. (Hierbei handelte es sich um den spektakulären Fall von sexuellem Missbrauch und Vernachlässigung eines siebenjährigen Mädchens, der die Bevölkerung aufschreckte und intensiv in der Presse besprochen wurde.) Nach § 8 a SGB VIII soll das Jugendamt, in Zusammenarbeit mit den pädagogischen Fachkräften, eine Analyse des Gefährdungsrisikos vornehmen. ErzieherInnen haben also künftig die Aufgabe, das Gefährdungsrisiko einzuschätzen, z. B. bei Verdacht auf sexuellen Missbrauch. Im Rahmen einer Vereinbarung mit dem Träger soll die zuständige Erzieherin die Gefährdung mit den Eltern thematisieren und auf Beratungs- und ande-

Das Jugendamt soll zusammen mit den ErzieherInnen eine Analyse des Gefährdungsrisikos vornehmen.

Diese Regelung ist auf eine Initiative des Hamburger Senats zurückzuführen. § 8 a SGB VIII soll im Rahmen des Kinderschutzes eine Lücke schließen, die im Fall Jessica deut-

re Hilfsangebote hinweisen (vgl. auch Kapitel „Maßnahmen bei Gefährdung"). Wirken die Eltern bei der Beseitigung der Gefährdung nicht mit, kann das Familiengericht eingeschaltet werden. Kann die Entscheidung des Gerichts aufgrund der konkreten Gefährdung für das Kind nicht abgewartet werden, nimmt das

Jugendamt das Kind in Obhut. Unter den Fachkräften in den Einrichtungen wird die neue gesetzliche Regelung durchaus kontrovers diskutiert. Natürlich soll der Schutz der Kinder möglichst umfassend gewährleistet sein. Kritisch wird jedoch betrachtet, dass die Einführung des § 8 a SGB VIII nicht durch Fortbildungen begleitet wurde. Nun befürchten einige Fachkräfte, dass das Vertrauensverhältnis zu den Eltern beeinträchtigt werden könnte. Für ErzieherInnen stellt sich zudem auch immer die schwierige Frage, wann das Kindeswohl tatsächlich gefährdet ist und welche Anzeichen der Gefährdung es gibt, die den Schutz des Kindes gegenüber seinen Eltern notwendig machen.

Vernetzungsauftrag der Jugendhilfe

Die Kindertagesstättengesetze der Länder, der 12. Jugendbericht und auch das SGB VIII weisen auf den Vernetzungsauftrag der Jugendhilfe hin. Der KiTa kommt dabei eine wesentliche Bedeutung zu. Im SGB VIII wird der Vernetzungsauftrag (sozialräumliche Orientierung) so formuliert: „Die Träger der öffentlichen Jugendhilfe haben mit anderen Stellen und öffentlichen Einrichtungen, deren Tätigkeit sich auf die Lebenssituation junger Menschen und ihrer Familien auswirkt (...), im Rahmen ihrer Aufgaben und Befugnisse zusammenzuarbeiten" (§ 81).

Träger der Jugendhilfe

- **Öffentliche Träger:** Kommunen, Landkreise, Länder. Sie richten Jugendämter ein, die die Aufgaben der Jugendhilfe wahrnehmen.
- **Freie Träger:** Kirchen und sonstige Religionsgemeinschaften, Wohlfahrtsverbände (z. B. Deutscher Caritasverband, Diakonisches Werk, Arbeiterwohlfahrt, Deutscher Paritätischer Wohlfahrtsverband), Selbsthilfeorganisationen, Jugendverbände, Elterninitiativen.
  Öffentliche und freie Träger arbeiten partnerschaftlich zusammen. Die Zusammenarbeit findet vorrangig im Jugendhilfeausschuss der Kommunen statt.

Beispiel: Vernetzte KiTa

Die Kindertagesstätte „Zum Gutshof" ist eine Einrichtung der Arbeiterwohlfahrt, eines freien Trägers. Der Träger hat klare, schriftlich formulierte Vorstellungen davon, wie die pädagogische Arbeit in der KiTa aussehen soll. Darüber hinaus hat auch die KiTa ein Konzept entwickelt, an dem sich die ErzieherInnen orientieren und das Eltern hilft, sich ein Bild von der Einrichtung zu machen. Die KiTa befindet sich in einem Stadtteil, der durch einen hohen Anteil von Migrantenfamilien geprägt ist; das wirkt sich auch auf die Arbeit der Einrichtung aus. In unmittelbarer Nachbarschaft befinden sich eine Grundschule, eine Sporthalle, in der rege Vereinstätigkeit herrscht, sowie ein Seniorenheim. Die Eltern der Kinder sind sehr aktiv und unterstützen die KiTa. Sie haben schon einen Spielplatz umgerüstet und verstehen es, gemeinsam Feste zu feiern. Die ErzieherInnen fördern die Zusammenarbeit, indem sie Kinderkleidungstauschbörsen veranstalten, Flohmärkte ausrichten, Beratungsangebote bereitstellen, Sprachkurse anbieten und multikulturelle Feste feiern. Dafür wiederum brauchen sie finanzielle Hilfe, die durch gute Kontakte zur Geschäftswelt des Ortes gesichert wird. Auch die Mitglieder des Gemeinderats halten Kontakt zur Einrichtung. Sie wissen, dass dort die Bürger und Steuerzahler von morgen betreut werden. Deswegen besuchen sie hin und wieder die KiTa und stehen den Kindern dort Rede und Antwort.

Das Beispiel macht deutlich, dass es bei der Vernetzung nicht nur um die Kooperation mit Jugendhilfeeinrichtungen geht. Wenn Jugendhilfe Erfolg haben soll, muss Vernetzung auf den verschiedensten Ebenen stattfinden. Alle Menschen, die – auch im weitesten Sinne – am Erziehungsgeschehen in einer KiTa beteiligt sind, bilden ein enges Beziehungsgeflecht. Sie stehen in Abhängigkeit voneinander und sind deswegen auf gegenseitige Hilfe und Weitergabe von Informationen angewiesen. Kindertageseinrichtungen tun gut daran, sich ihr Umfeld genau anzuschauen und zu prüfen, mit wem eine vertrauensvolle und für alle Seiten nutzbringende Zusammenarbeit möglich und notwendig ist.

Nutzung des Netzwerks

Die KiTa „Zum Gutshof" nutzt das Netzwerk optimal:

- Sparkasse und Baumarkt konnten als verlässliche Sponsoren gewonnen werden.
- Die örtliche Presse berichtet immer wieder über Entwicklungen und Vorhaben der Einrichtung; persönliche Kontakte zu Redakteuren wurden dafür genutzt.
- Die Familienberatungsstelle bietet regelmäßig Fortbildungen für Eltern und ErzieherInnen an, berät auch in der Einrichtung, hilft den Fachkräften bei der Bearbeitung schwieriger Probleme und unterstützt das System der kollegialen Beratung und Supervision.
- Sportverein und Schule räumen der KiTa Hallenzeiten ein, Sportlehrer unterstützen die Initiative „Bewegungskindergarten".
- Grundschullehrkräfte, Eltern und ErzieherInnen treffen sich regelmäßig im Arbeitskreis „Übergang zur Schule".
- Senioren aus der Nachbarschaft kommen zum Vorlesen, Backen etc. regelmäßig in die KiTa.
- Eine Arbeitsloseninitiative bietet, auch für die Eltern der Kinder, einen Mittagstisch an.
- Einmal im Jahr feiern drei KiTas gemeinsam ein großes Fest. Außerdem teilen sie sich das Honorar für eine Krankengymnastin und eine Theaterpädagogin.

Wenn Jugendhilfe Erfolg haben will, muss Vernetzung auf den verschiedensten Ebenen stattfinden.

Hilfe von Experten

Es zeugt von hoher fachlicher Verantwortung, wenn Sie sich Experten zu Hilfe holen, denn viele spezielle Probleme können Sie allein gar nicht bewältigen. So sollten Sie

- Eltern Hinweise geben können, wo sie eine Familienberatungsstelle finden und welche Hilfe sie dort erhalten können,
- einer Mutter, die von ihrem Mann geschlagen wird, die Adresse des Frauenhauses geben können,

stehen, stört andere Kinder beim Spielen und reagiert mit körperlichen Angriffen, wenn die anderen ihn nicht mitspielen lassen. Christians Eltern nehmen das Problem des Jungen, der gerade eine kleine Schwester bekommen hat, nicht wirklich ernst. Die Situation spitzt sich allerdings zu, als sich andere Eltern beschweren, weil Christian ihre Kinder gebissen und heftig geschlagen hat. Die Erzieherinnen wissen nicht mehr weiter.

sen eine angemessene Erziehung und Förderung zukommen lässt. Die Einrichtungen allein sind mit dieser Aufgabe überfordert; ihre Fachkräfte verfügen dafür in der Regel weder über ausreichend Zeit, noch sind sie für alle hier anzutreffenden Problemlagen fachlich gerüstet. Sie brauchen deshalb zusätzliche Hilfsangebote von außen und sind angewiesen auf die Zusammenarbeit mit therapeutischen und psychosozialen Fachdiensten bzw. Einrichtungen" (Mayr 1998, zitiert nach: www.kindergartenpaedagogik.de).

Es zeugt von hoher fachlicher Verantwortung, wenn ErzieherInnen sich Experten zu Hilfe holen.

- Beratungsstellen und deren Arbeitsweise kennen, um Eltern Auskunft geben zu können (z. B. Schuldnerberatung, Schwangerschaftsberatung, Psychosoziale Beratung),
- Fachärzte oder spezielle Therapeuten kennen (z. B. Kinderärzte, Kinder- und Jugendpsychiater, Logopäden, Ergotherapeuten),
- Weiterbildungseinrichtungen für Eltern kennen (z. B. Familienbildungseinrichtungen, Mütterzentren),
- engen Kontakt zur Grundschule, Förderschule, Frühförderstelle, zum Allgemeinen Sozialen Dienst (ADS) und Jugendamt pflegen.

Zum Beispiel Christian

Christian (5 Jahre) ist ein unruhiges Kind. Er kann keine fünf Minuten still sitzen, muss immer im Mittelpunkt

Mögliche Schritte könnten so aussehen:

1. Beginnen Sie mit einer kollegialen Beratung im Team.
2. Lassen Sie sich von externen Fachleuten beraten.
3. Stellen Sie den Kontakt zwischen Beratungsstelle und Eltern her. Das wird vermutlich von den Eltern nur akzeptiert, wenn eine selbstverständliche Zusammenarbeit zwischen den beiden Institutionen besteht.

Eine wirkungsvolle pädagogische Arbeit ist heute nur noch zu leisten, wenn Kindertageseinrichtungen mit anderen Personen und Diensten zusammenarbeiten, wenn ein hoher Grad der Vernetzung erreicht und ein effizientes Hilfs- und Beratungssystem für Eltern und Kinder aufgebaut wird. „Es ist ein zentrales Qualitätsmerkmal jeder Einrichtung, ob sie Kindern mit besonderen Bedürfnis-

Hinweis:

Die Gründung von Eltern-Kind-Zentren, die ein neues, umfassendes Qualitätsprofil entwickeln, ist auf dem Vormarsch. Solche Zentren bieten neben der Betreuung und Förderung von Kindern auch Hilfe für Eltern an. Sie unterstützen diese in Erziehungsfragen, beraten bei Ehe- und Familienproblemen, bieten Kurse zur Gesundheitsprävention an und verstehen sich als ganzheitliches Familienbetreuungssystem. Informationen zu Familienzentren mit dem Schwerpunkt „Bildung, Beratung und Betreuung" finden Sie unter www.hell-ga.de oder bei HELL-GA e.V. Mütterzentrum, Ricarda-Huch-Straße 3a, 40595 Düsseldorf, Tel. 0211/6007336, E-Mail: info@hell-ga.de.

Qualifikation der Fachkräfte

Ihr Arbeitsalltag ist durch eine Reihe von Pflichten geprägt. Manche davon sind in Ihrem Arbeitsvertrag festgehalten, andere finden sich in den entsprechenden gesetzlichen Grundlagen (z. B. Kindertagesstättengesetze, SGB VIII). Danach reichen Ihre Aufgaben von der Erstellung und Umsetzung einer Konzeption über die Zusammenarbeit mit den Eltern bis hin zu dem Auftrag, sich bei der täglichen Arbeit mit den Kindern von einem hohen Maß an Fachlichkeit leiten zu lassen. Auch wenn das SGB VIII keine konkrete Aussage dazu macht, wie eine pädagogische Fachkraft ausgebildet sein soll und was Fachlichkeit bedeutet (vgl. § 72), besteht unter Experten Einigkeit darüber, dass die fachliche Qualifikation von ErzieherInnen folgende Aspekte beinhaltet:

- **Kindorientierung:** Die ErzieherInnen kennen die zu betreuenden Kinder genau und richten ihr pädagogisches Handeln an deren Bedürfnissen aus. Dabei gehen sie individuell auf die Kinder ein und ermitteln, welchen Förder- und Unterstützungsbedarf jedes einzelne Kind hat.

- **Familienorientierung:** ErzieherInnen sollen sich an der Situation und den Bedürfnissen der Familien orientieren. Das beginnt damit, dass familienfreundliche Öffnungszeiten angeboten, Eltern in die Planung einbezogen und Beratungsangebote bereitgestellt werden. Im SGB VIII heißt es dazu: „Das Angebot soll sich pädagogisch und organisatorisch an den Bedürfnissen der Kinder und ihrer Familien orientieren" (§ 22 a Abs. 3). Jugendhilfe soll „Eltern und andere Erziehungsberechtigte bei der Erziehung beraten und unterstützen" (§ 1 Abs. 3 Nr. 4).

- **Gemeinwesenorientierung:** Die KiTa ist Bestandteil des Gemeinwesens und sollte deshalb mit Personen und Institutionen im unmittelbaren Umfeld zusammenarbeiten sowie Vernetzungsmöglichkeiten nutzen.

- **Umsetzung der Konzeption:** Eine Konzeption sollte keine Programmschrift sein, in der sich vor allem die Wünsche und Visionen des Teams finden. In erster Linie soll sie Aspekte beinhalten, die auch praktisch umgesetzt werden. Eltern und Träger müssen über eine solche Konzeption informiert werden.

- **Professionalisierung des pädagogischen Handelns:** ErzieherInnen brauchen regelmäßig Fortbildung

Die Fachlichkeit der Erzieherin beinhaltet auch, dass sie wichtige gesetzliche Regelungen kennt.

und Supervision. Sie müssen die Möglichkeit bekommen, das eigene pädagogische Handeln unter professioneller Anleitung zu reflektieren und weiterzuentwickeln.

- **Orientierung an den Bildungsplänen:** In allen Bundesländern wurden inzwischen Bildungspläne bzw. -empfehlungen entwickelt und verabschiedet. Wenn sie den ErzieherInnen auch ausreichend Spielraum zur konkreten Ausgestaltung lassen, haben diese doch die Pflicht, ihre pädagogische Arbeit danach auszurichten.

Der Grundsatz der Fachlichkeit beinhaltet nicht nur die Verpflichtung, zuvor definierte Erziehungsziele und -prinzipien zu verfolgen, sondern verlangt auch, dass ErzieherInnen die gesetzlichen Regelungen, die ihren Arbeitsbereich betreffen, kennen und sich kontinuierlich weiterbilden.

Fachlichkeit der Erzieherin

Die kompetente Erzieherin stellt ihre Fachlichkeit unter Beweis, indem sie
- sich über neue gesetzliche Regelungen informiert (z. B. TAG, KICK) und in der Lage ist, diese in ihre pädagogische Arbeit zu integrieren,
- sich mit den Bildungsplänen auseinandersetzt und deren Forderungen, in Einklang mit der pädagogischen Konzeption der KiTa, umsetzt,
- den Erziehungs-, Bildungs- und Betreuungsauftrag kennt und ernst nimmt,
- den Partizipationsauftrag als Querschnittsaufgabe begreift und umsetzt,
- sich mit der Querschnittsaufgabe „Genderbewusstsein" beschäftigt, um zu erreichen, dass die unterschiedlichen Situationen von Jungen und Mädchen gleichermaßen berücksichtigt werden.

ELTERNRECHT

- Rechte und Pflichten von Eltern

- Gesetzliche Bestimmungen

- Hilfen zur Erziehung

- Rechtsbeziehung Eltern – KiTa

Was genau beinhaltet die elterliche Sorge? Was ist zu tun, wenn sich Eltern mit der Sorge für ihr Kind überfordert fühlen? Welche Rechtsbeziehung besteht zwischen Eltern und KiTa? Sich in diesen Fragen auszukennen ist unerlässlich, um auch in schwierigen Situationen die richtigen Entscheidungen treffen zu können.

Rechte und Pflichten von Eltern

Eltern haben das Recht und die Pflicht, für ihr Kind zu sorgen. (Im Folgenden wird der Einfachheit halber von Eltern die Rede sein, obwohl Eltern, Erziehungsberechtigte und Sorgeberechtigte nicht immer identisch sein müssen und es natürlich unterschiedliche Familienkonstellationen gibt. Ein alleinerziehender Vater kann ebenso sorgeberechtigt sein wie getrennt lebende Eltern.) Dies gilt für Mütter und Väter glei-

Eltern sind in der Ausübung ihrer elterlichen Sorge an das Wohl des Kindes gebunden.

chermaßen – unabhängig davon, ob sie verheiratet sind oder waren. Nur ein Gerichtsbeschluss kann einen Eingriff in das Elternrecht rechtfertigen. Auch durch Adoption eines Kindes verlieren die leiblichen Eltern ihr Elternrecht, das nun den Adoptiveltern übertragen wird. Die Eltern sind in der Ausübung der elterlichen Sorge aber nicht frei, sondern an das Wohl des Kindes gebunden. Selbstverständlich garantiert ihnen das Elternrecht zugleich die Freiheit,

innerhalb bestimmter Grenzen das Kindeswohl zu definieren. Eine Grenze zieht der Staat durch sein „Wächteramt". Dieses erlaubt es staatlichen Stellen, bei einer erheblichen Gefährdung des Kindeswohls in das Elternrecht einzugreifen.

Zum Beispiel Herr A.
Der alleinerziehende Vater, Herr A., ist mit der Erziehung seiner Zwillinge völlig überfordert. Vor allen Dingen, weil die Jungen sehr lebhaft sind und der Vater es nicht schafft, ihnen Grenzen zu setzen. Herr A. rechnet damit, dass ihm die Jungen weggenommen werden, wenn er Rat beim Jugendamt sucht. Deswegen bittet er zunächst die Erzieherin in der KiTa um Hilfe. Sie kann Herrn A. beruhigen und ihm aufzeigen, welche Alternativen der Staat zur Vermeidung der Heimerziehung bereithält. Es ist denkbar, dass er Unterstützung in einer Familienberatungsstelle erhält oder ihm eine Sozialarbeiterin zur Seite gestellt wird.

Gesetzliche Bestimmungen

In Deutschland sind in der Regel die Eltern für ihre Kinder und deren Erziehung zuständig. Das ist gesetzlich so geregelt und der Staat hat nur geringe Möglichkeiten, in das Recht der Eltern einzugreifen (vgl. auch Kapitel „Rechte und Pflichten von Eltern").

Zum Beispiel Familie M.
In der Familie M. geht es hoch her. Fünf Kinder halten die jungen Eltern, die selbst noch nicht ganz dem Discoalter entwachsen sind, auf Trab. Nachbarn beobachten das Familienleben argwöhnisch und stellen vielerlei Vermutungen darüber an. Sie vermuten, dass Herr M. seine Frau schlägt und sich beide nur unzureichend um die Kinder kümmern. Vor der Wohnungstür stapeln sich leere Flaschen, was auf einen hohen Alkoholkonsum der Eltern schließen lässt. Der achtjährige Kevin zieht häufig mit den jüngeren Geschwistern durch die Gegend; die Nachbarn haben den Verdacht, dass die Kinder im Supermarkt stehlen. Eine Nachbarin beschließt, sich an das Jugendamt zu wenden. Sie ist der Meinung, der Staat müsse den Eltern das Sorgerecht entziehen und die Kinder im Heim unterbringen. Doch die Nachbarin muss sich korrigieren lassen. Ein Gerücht und viele unbewiesene Vermutungen reichen nicht aus, um bei der Familie M. einzugreifen. Der Staat schützt zunächst

Zum Verhältnis von staatlichem Wächteramt und Elternrecht

1. Die Eltern treffen die Grundsatzentscheidungen über alle ihre Kinder betreffenden Belange. Der Staat darf den Eltern weder Erziehungsziele noch Erziehungsmethoden vorgeben, solange sich das Verhalten der Eltern ihren Kindern gegenüber im Rahmen des gerade noch Akzeptablen bewegt.
2. Kommt es zur Gefährdung des Kindeswohls, hat der Staat die Aufgabe, die Gefährdung abzuwehren. Dabei ist das Prinzip des mildesten Eingriffs zu beachten. Das heißt: Einschränkungen der elterlichen Sorge sind nur zulässig, wenn ein Eingreifen im Einzelfall keinen ausreichenden Schutz böte. Beides ist nicht erlaubt, wenn das Ziel mit milderen Mitteln (Familienförderung) erreichbar ist.

Personensorge

Die Personensorge umfasst sämtliche Angelegenheiten, die die Person des Kindes betreffen. Das Bürgerliche Gesetzbuch (BGB) nennt nur die wichtigsten Bereiche ausdrücklich:

- Pflege (§ 1631 Abs. 1),
- Erziehung (§ 1631 Abs. 1),
- Beaufsichtigung (§ 1631 Abs. 1),
- Aufenthaltsbestimmung (§ 1631 Abs. 1),
- Ausbildungs- und Berufswahl (§ 1631 a),
- Mit Freiheitsentzug verbundene Unterbringung (§ 1631 b),
- Herausgabeanspruch gegenüber Dritten (§ 1632 Abs. 1),
- Bestimmung des Umgangs mit anderen Personen (§ 1631 Abs. 2).

einmal die Familie und versorgt sie mit weitgehenden Rechten. Das Recht der Eltern, für die Pflege und Erziehung ihrer Kinder Sorge zu tragen, über das der Staat lediglich wacht, ist in Artikel 6, Absatz 2 des Grundgesetzes (GG) formuliert. Der Gesetzgeber definiert allerdings nicht eindeutig, was Pflege und Erziehung beinhalten und auch nicht, mit welchen Methoden sie am besten umzusetzen sind. Die „Überwachung" ist deshalb so schwierig, weil es keinen Bewertungsmaßstab für das gibt, was erlaubt, erwünscht und verboten ist (Ausnahme: Züchtigungsverbot).

Die drei Bereiche der elterlichen Sorge

ErzieherInnen sollten auf jeden Fall die drei Bereiche der elterlichen Sorge kennen, denn sie

- beurteilen, ob Eltern ihrer Personensorge in gebührender Weise nachkommen,
- übernehmen mit der Betreuung des Kindes einen Teil der elterlichen Sorge, indem sie es erziehen und beaufsichtigen,
- haben den Eltern gegenüber einen Beratungsauftrag,
- sollen eng mit den Eltern zusammenarbeiten und gemeinsame Erziehungsziele vereinbaren.

Vermögenssorge

Die Vermögenssorge umfasst alle tatsächlichen und rechtlichen Handlungen, die die Erhaltung, Vermehrung und Verwertung des Kindesvermögens (Grundbesitz, Wertpapiere, Geschäftsanteile, namhafte Geldbeträge) betreffen. Dieser Komplex wird daher auch als „Vermögensverwaltung" bezeichnet. Da die wenigsten minderjährigen Kinder schon Vermögenswerte besitzen, kommt diesem Teil der elterlichen Sorge in der Praxis meist keine besondere Bedeutung zu. Wenn Kinder allerdings infolge Schenkung oder Erbschaft bereits eigenes Vermögen besitzen, kann die Vermögensverwaltung durch die Eltern durchaus problematisch sein. Der Gesetzgeber hat daher zum Schutz minderjähriger Kinder hier einige Beschränkungen vorgesehen.

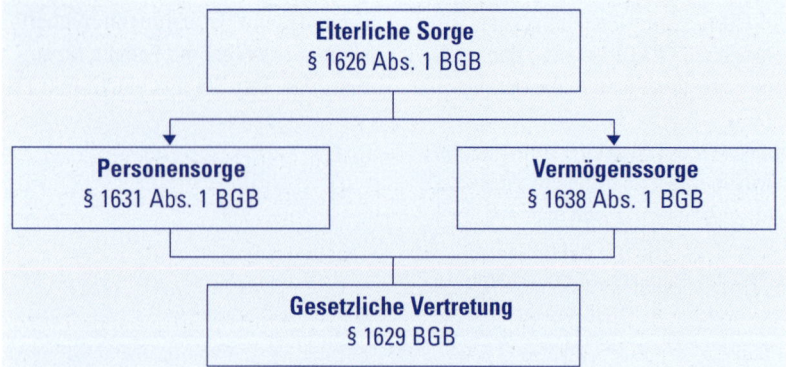

Gesetzliche Vertretung

Die Gesetzliche Vertretung regelt das rechtswirksame Handeln für das Kind, das jemand aufgrund einer gesetzlichen Vorschrift vornimmt. In der Regel haben diese Funktion beide Eltern inne (vgl. § 1629 BGB). Wenn die Eltern als gesetzliche Vertreter handeln, nehmen sie eine Rechtshandlung für das Kind vor. Zu solchen rechtsgeschäftlichen Handlungen zählen

- das Abschließen von Verträgen,
- die Einwilligung in eine Operation,
- Anträge bei Behörden,
- Zustimmung zu einer Adoption,
- Anträge auf Gewährung von Beihilfen,
- Schulan- und -abmeldungen und vieles mehr.

Zum Beispiel Svenja

Svenja ist 17 Jahre alt und hat eine zweijährige Tochter. Svenja ist folglich eine minderjährige Mutter, die zwar für ihre Tochter sorgt, sie pflegt, erzieht, beaufsichtigt, ihre Religion bestimmt, ihr Umgangsrecht regelt, ihr einen Vornamen gegeben hat und mit ihr zum Arzt geht; auch einer dringend notwendigen Operation hat Svenja zugestimmt. Dennoch ist sie selbst nur beschränkt geschäftsfähig und kann keine Verträge ohne Mitwirkung eines Elternteils oder Vormunds rechtswirksam abschließen. Da Svenja möglichst schnell ihre Lehre beenden möchte, soll die kleine Tochter in der Krippe angemeldet werden. Die Anmeldung, die Svenja in der Einrichtung unterschreibt, ist allerdings unwirksam. Svenjas Mutter, die Vormund von

Svenjas Tochter ist, meldet diese in der Krippe an. Auch dieser Vertrag ist unwirksam. Obwohl Svenja nicht voll geschäftsfähig ist, hätte sie ihr Einverständnis geben müssen. Bei Meinungsverschiedenheiten mit dem Vormund des Kindes wäre also nicht etwa dessen Auffassung ausschlaggebend, sondern es bliebe nur der Weg zum Familiengericht. Wenn kein anderer sorgeberechtigter Elternteil, sondern ein Vormund (z. B. das Jugendamt) vorhanden ist, könnte sich die minderjährige Mutter sogar zunächst stets durchsetzen (vgl. § 1673 Abs. 2 BGB). Der Vormund müsste dann allerdings überlegen, ob er daraufhin das Familiengericht einschaltet (was jedoch nur bei zu befürchtender Gefährdung des Kindeswohls in Betracht kommen wird).

Hinweis:

Für Sie als Erzieherin ist es wichtig zu wissen, wer die elterliche Sorge ausübt. Davon hängen viele Entscheidungen ab.

Gemeinsame elterliche Sorge

§ 1627 BGB besagt, dass die Eltern die elterliche Sorge in eigener Verantwortung und im gegenseitigen Einvernehmen zum Wohle des Kindes auszuüben haben. Gemeinsame elterliche Sorge haben miteinander verheiratete Eltern sowie unverheiratete Eltern, die eine wirksame Sorgeerklärung abgegeben haben. Ein Zusammenleben der Eltern oder des Kindes mit seinen Eltern ist in beiden Fällen nicht erforderlich. Die gemeinsame elterliche Sorge bleibt also

Die elterliche Sorge im BGB

§ 1626

„(1) Die Eltern haben die Pflicht und das Recht, für das minderjährige Kind zu sorgen (elterliche Sorge). Die elterliche Sorge umfasst die Sorge für die Person des Kindes (Personensorge) und das Vermögen des Kindes (Vermögenssorge).

(2) Bei der Pflege und Erziehung des Kindes berücksichtigen die Eltern die wachsende Fähigkeit und das wachsende Bedürfnis des Kindes zu selbstständigem, verantwortungsbewusstem Handeln. Sie besprechen mit dem Kind, soweit es nach dessen Entwicklungsstand angezeigt ist, Fragen der elterlichen Sorge und streben Einvernehmen an.

(3) Zum Wohl des Kindes gehört in der Regel der Umgang mit beiden Elternteilen. Gleiches gilt für den Umgang mit anderen Personen, zu denen das Kind eine Bindung besitzt, wenn ihre Aufrechterhaltung für seine Entwicklung förderlich ist."

§ 1631

„(1) Die Personensorge umfasst insbesondere die Pflicht und das Recht, das Kind zu pflegen, zu erziehen, zu beaufsichtigen und seinen Aufenthalt zu bestimmen.

(2) Entwürdigende Erziehungsmaßnahmen, insbesondere körperliche und seelische Misshandlungen, sind unzulässig.

(3) Das Familiengericht hat die Eltern auf Antrag bei der Ausübung der Personensorge in geeigneten Fällen zu unterstützen."

auch in folgenden Fällen bestehen:
- Getrenntleben der Eltern,
- Scheidung der Eltern (diese Rechtslage besteht erst seit 1.7.1998),
- Kind lebt bei Verwandten, Bekannten, Pflegeeltern,
- Kind lebt im Heim.

In diesen Fällen üben allerdings die Personen, die mit dem Kind zusammenleben, die sogenannte Alltagssorge alleine aus.

Alltagssorge

Wenn gemeinsam sorgeberechtigte Eltern getrennt leben oder geschieden sind, bleibt ihre gemeinsame elterliche Sorge bestehen. Aus Praktikabilitätsgründen schreibt § 1687 Abs. 1 BGB gegenseitiges Einvernehmen der Eltern dann vor, wenn Regelungen für das Kind von erheblicher Bedeutung sind. Ansonsten hat der Elternteil, bei dem sich das Kind rechtmäßig (d. h. mit Einwilligung des anderen Elternteils oder aufgrund gerichtlicher Entscheidung) gewöhnlich aufhält, die alleinige „Alltagssorge".

Die Alltagssorge hat der Elternteil, bei dem sich das Kind rechtmäßig gewöhnlich aufhält.

Zum Beispiel Noah

Noah lebt bei seinem Vater. Seine Eltern sind geschieden, üben aber ein gemeinsames Sorgerecht aus. Noahs Mutter ist nun der Meinung, dass sie in allen Belangen des täglichen Lebens nicht nur Auskunft, sondern auch Mitsprache haben muss. Das ist nicht ganz richtig, denn Noahs Vater hat das Recht, in folgenden Fällen selbstständige Entscheidungen zu treffen:
- Organisation des täglichen Lebens des Kindes, insbesondere Betreuungs- und Erziehungsfragen einschließlich der alltäglichen Entscheidungen im Bereich der schulischen oder beruflichen Ausbildung (wie Nachhilfeunterricht, Teilnahme an schulischen Veranstaltungen etc.),
- Freizeitgestaltung samt Urlaubsreisen sowie Beitritt in Sport- und andere Vereine,
- Anschaffung von Spielzeug (inkl. Audio-, Video-, PC-Zubehör) und Kleidung,
- Kontakte mit Verwandten, Freunden, Nachbarn etc.,
- Einzahlungen und Abbuchungen von Sparbüchern,
- medizinische Behandlungen (mit Ausnahme von Operationen, Zahnregulierungen),
- Verwaltung des Arbeitsverdienstes des Kindes.

Allerdings ist bei der Ausübung der Alltagssorge alles zu unterlassen, was das Verhältnis des Kindes zum anderen Elternteil beeinträchtigt oder die Erziehung erschwert (§ 1687 Abs. 1 S. 4 BGB). Bei Verstößen hiergegen kann das Familiengericht diese Befugnis auf Antrag eines Elternteils oder von Amts wegen einschränken oder ausschließen, wenn dies für das Kindeswohl erforderlich ist (§ 1687 Abs. 2 BGB).

Hinweis:

Bei Gefahr im Verzug (z. B. bei Unfällen, Blinddarmdurchbruch o. Ä.) ist der betreuende Elternteil seit 1.7.1998 gemäß § 1687 Abs. 1 S. 5 BGB ausdrücklich berechtigt, alle Rechtshandlungen allein vorzunehmen, die zum Kindeswohl notwendig sind, wovon allerdings der andere Elternteil unverzüglich (d. h. gemäß § 121 Abs. 1 BGB „ohne schuldhaftes Zögern") unterrichtet werden muss.

Umsetzung der gesetzlichen Bestimmungen

Aus den gesetzlichen Grundlagen (GG und BGB) der elterlichen Sorge lassen sich folgende Erziehungsprinzipien ableiten:
- Die wachsenden Fähigkeiten des Kindes sind zu berücksichtigen. Kinder entwickeln sich schrittweise weiter. Sie wollen und können altersgemäß gefordert werden und müssen von einem gewissen Alter an nicht mehr ständig unter Aufsicht stehen.
- Kinder sollten darüber aufgeklärt werden, was sich hinter dem Begriff der elterlichen Sorge verbirgt. Fragen der elterlichen Sorge sind, orientiert am Entwicklungsstand der Kinder, mit ihnen zu besprechen. Ziel dabei ist es, Einvernehmen herzustellen.
- Selbstständigkeit,
- Verantwortungsbewusstsein,
- Gemeinschaftsfähigkeit und
- Handlungsfähigkeit
sind zu fördern.

Hilfen zur Erziehung

Eltern wird im Rahmen ihrer elterlichen Sorge allerdings nicht völlig freigestellt, wie sie mit ihren Kindern umgehen, und sie werden auch nicht mit dieser Aufgabe allein gelassen. Sind oder fühlen sich Eltern mit der Sorge für ihr Kind überfordert, bietet der Staat Hilfen zur Erziehung an.

Über diese Angebote sollten ErzieherInnen gut informiert sein, denn sie können Eltern mit ihrem Rat stärken und ihnen Mut machen, professionelle Hilfe in Anspruch zu nehmen. Das Schaubild zeigt, welche Hilfen das Jugendamt zur Verfügung stellt und welche Wege zu beschreiten sind.

Staatliche Hilfsangebote (SGB VIII)
§ 28: Erziehungsberatung, § 29: Soziale Gruppenarbeit, § 30: Erziehungsbeistand, Betreuungshelfer, § 31: Sozialpädagogische Familienhilfe, § 32: Erziehung in einer Tagesgruppe, § 33: Vollzeitpflege, § 34: Heimerziehung, sonstige betreute Wohnform, § 35: Intensive sozialpädagogische Einzelbetreuung.

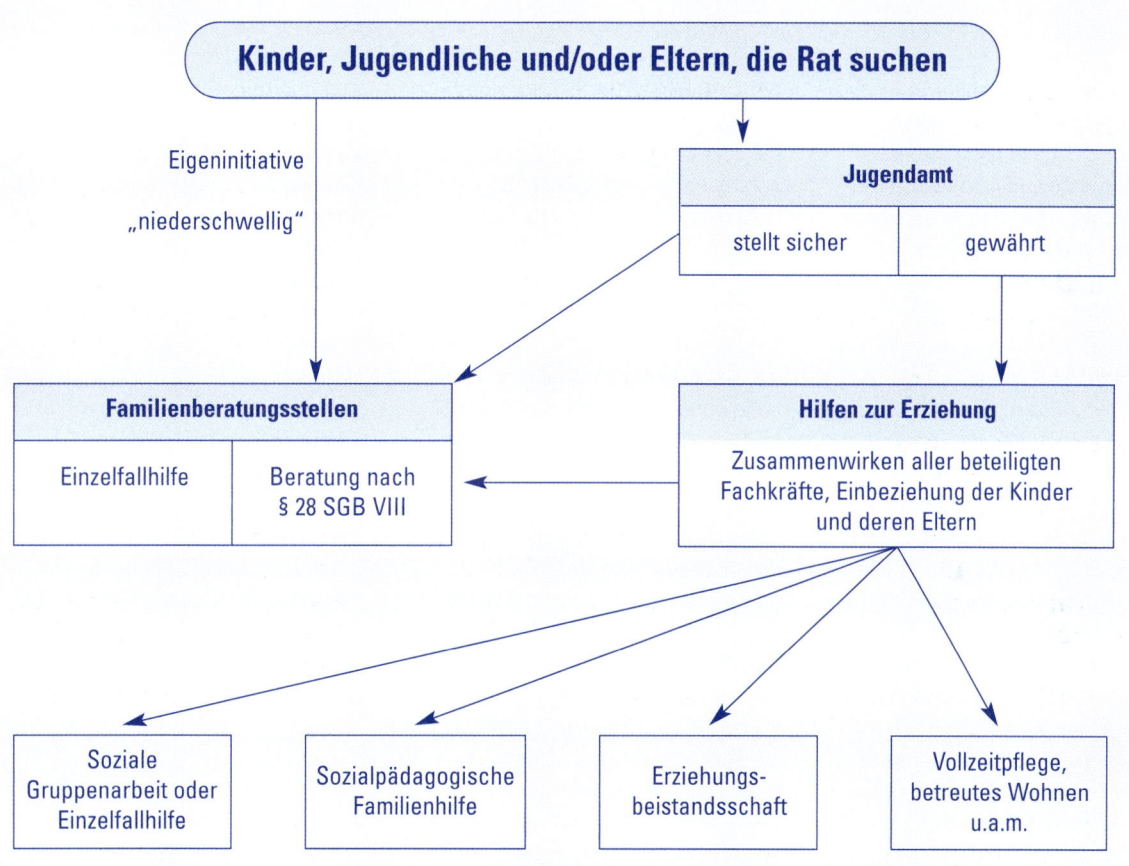

Rechtsbeziehung Eltern – KiTa

Die Rechtsbeziehung zwischen Eltern und Kindertageseinrichtung bzw. Träger wird durch eine kommunale Satzung oder durch einen Vertrag geregelt. In einem Betreuungsvertrag, an den beide Seiten gebunden sind, werden Aufnahme- und Kündigungsbedingungen, Öffnungs-

Erlaubnis. Die Unterschrift unter den Vertrag besiegelt auch das Einverständnis mit dem beschriebenen pädagogischen Konzept. Normalerweise wird der Aufnahmeantrag von den Personensorgeberechtigten an den Träger gestellt. Das sind in der Regel beide Elternteile, wenn sie miteinander verheiratet sind. Sind sie das nicht, muss geklärt werden, wer sorgeberechtigt ist (§ 1626 BGB). Bei

Tipp:

Vor solchen Fehlern schützen Sie sich am besten, indem Sie mit den Eltern klare Absprachen treffen (wer darf das Kind wann abholen und was ist in Ausnahmesituationen erlaubt oder erwünscht?) und sich über Veränderungen der Familiensituation informieren lassen.

Die Rechtsbeziehung zwischen Eltern und Träger wird in den meisten Fällen durch einen Vertrag geregelt.

zeiten, Bring- und Abholpflicht, Regelungen bei Krankheit sowie Gebühren festgelegt. Der Betreuungsvertrag kann auch eine Konzeption enthalten bzw. das pädagogische Konzept beschreiben. Allerdings gibt es auch im Rahmen der freien Vertragsgestaltung Grenzen. Alle Regelungen müssen vom Träger sachlich fundiert begründet werden. Selbst wenn dies nicht ausdrücklich im Vertrag erwähnt wird, übernimmt der Träger für die Dauer des Vertragsverhältnisses die Rechte und Pflichten der Personensorge, solange sich das Kind in der Einrichtung befindet. Das gilt auch umgekehrt: Sobald die Personensorgeberechtigten mit dem Träger einen Betreuungsvertrag abgeschlossen haben, delegieren sie einen Teil ihrer elterlichen Sorge für die Betreuungszeit an die MitarbeiterInnen der Einrichtung. Dies bedarf keiner besonderen

getrennt lebenden oder geschiedenen Eltern entscheidet der Elternteil, bei dem das Kind lebt, über Angelegenheiten des täglichen Lebens (§ 1687 BGB), das gilt auch für Pflegeeltern (§ 1688 BGB).

Zum Beispiel Ronja
Ronja wird von ihrem Vater vorzeitig aus der KiTa abgeholt. Das ist nicht ungewöhnlich, weil Ronjas Eltern beide freischaffend und viel unterwegs sind. Ronja begleitet ihre Eltern dann oder wird bei Freunden untergebracht. Die Erzieherinnen wissen, dass Ronjas Eltern geschieden sind, gehen aber davon aus, dass beide das Sorgerecht ausüben. Erst als Ronjas Mutter pünktlich kommt, um ihre Tochter abzuholen, wird ihnen ihr Fehler bewusst. Obwohl sie Ronjas Mutter vorwerfen können, sie nicht ausreichend informiert zu haben, hätten sie das Kind nicht ohne vorherige Rücksprache mit ihr mit dem Vater gehen lassen dürfen. Da Ronja bei der Mutter lebt, hat die zu entscheiden, ob Ronja die KiTa vorzeitig mit dem Vater verlassen darf.

Aufenthaltsbestimmungsrecht
Eltern müssen die lückenlose Sorge für ihr Kind sicherstellen. In § 1631 Abs. 1 BGB heißt es, dass die Eltern den Aufenthalt ihres Kindes bestimmen können. Das heißt, sie können ihm erlauben, bei Freunden zu übernachten oder mit dem Fahrrad Verwandte in einem anderen Stadtteil zu besuchen, sie können auch einen Babysitter engagieren oder ihr Kind alleine ins Schwimmbad gehen lassen. Unterschieden wird zwischen folgenden Aufsichtssituationen:

- Die Eltern vertrauen ihrem Kind und lassen es ohne Aufsicht. Sie kennen ihr Kind gut und wissen, dass es entwicklungs- und verhaltensbedingt in der Lage ist, verantwortungsbewusst zu handeln. Das Kind hat dies bereits in anderen Situationen bewiesen.

- Das Kind wird einer Vertrauensperson („dritte Person") übergeben – das kann eine erwachsene Verwandte sein oder auch ein jugendlicher Babysitter –, die jetzt für das Kind die Sorge trägt.
- Das Kind hält sich in einer Institution auf, in der es für einen gewissen Zeitraum betreut wird.

Betreuung durch eine dritte Person

Wenn Eltern eine sogenannte dritte Person an der Betreuung ihres Kindes beteiligen, gilt es, einige Regeln zu beachten. Folgende Fragen müssen im Vorfeld geklärt werden:

- Wie lange dauert der Aufenthalt des Kindes bei dieser Person?
- An welchem Ort bzw. in welchen Räumen wird das Kind betreut?
- Welche Erziehungsgrundsätze sind zu berücksichtigen?
- Darf das Kind alleine nach Hause gehen bzw. von wem darf es abgeholt werden?

Ein schriftlicher Vertrag ist für die zeitweilige Betreuung eines Kindes durch eine dritte Person nicht not-

Betreuung wird durch einen Aufnahme- bzw. Betreuungsvertrag geregelt (siehe oben). ErzieherInnen verpflichten sich automatisch mit ihrem Dienstantritt in der KiTa, die von ihnen erwartete Dienstleistung zu erbringen. Das bedeutet für die Erzieherin: Sie hat für die Pflege und

Der Träger übernimmt während der Betreuungszeit die Personensorge für das Kind.

wendig. Die Freundin der Mutter, die die kleine Paula mit zum Spielplatz nimmt, gibt ihr Einverständnis dadurch bekannt, dass sie die Betreuung nicht ablehnt. Das sieht bei Institutionen anders aus. Die

Betreuung der Kinder Sorge zu tragen, sie muss pünktlich sein, um die Aufsicht über die Kinder gewährleisten zu können, sie muss ihre Pausen und den Urlaub einhalten. Der Träger verpflichtet sich im Gegenzug dazu, ein Gehalt zu zahlen.

Hinweis:

Was Sie im Rahmen institutioneller Betreuung in jedem Fall regeln müssen:

- Wie sind die Eltern zu erreichen (Telefon am Arbeitsplatz)?
- Gibt es Besonderheiten zu beachten wie z. B. Allergien, Hinweise zur Medikation, Krankheiten, Verhaltensauffälligkeiten?
- Darf das Kind alleine nach Hause gehen oder fahren?
- Wer ist sorgeberechtigt?
- Gibt es Besonderheiten in der Familienkonstellation?

AUFSICHTSPFLICHT

ErzieherInnen haben die Aufsichtspflicht für die von ihnen zu betreuenden Kinder. Damit sind viele Fragen verbunden: Wann beginnt und endet die Aufsichtspflicht? Kann sie an Dritte delegiert werden? Wie lässt sie sich mit pädagogischen Zielen vereinbaren? Und wer haftet im Falle einer Aufsichtspflichtverletzung? Hier geben die gesetzlichen Regelungen Auskunft.

Grundlagen der Aufsichtspflicht

Paula hat Lenas neuen Anorak beim Spielen zerrissen, Ali ist vom Kletterbaum gefallen und hat sich dabei den Arm gebrochen und die Praktikantin Sabine fragt sich, ob sie bei einem Ausflug in den Wald die Verantwortung für einen Teil der Kinder übernehmen kann und was zu tun ist, wenn dort etwas passiert ... Im Alltag von ErzieherInnen tauchen unentwegt rechtliche Fragen auf, die nicht auf Anhieb zu klären sind. Wer allerdings mit Kindern zu tun hat, muss immer damit rechnen, dass sie unachtsam sind und sich oder andere dadurch gefährden oder dass sie Unsinn machen, der erhebliche Schäden verursachen kann. Damit klar ist, wer für entstandene Schäden aufzukommen hat, hat der Gesetzgeber einen rechtlichen Rahmen geschaffen, in dem Aufsichtspflicht und Haftung geregelt werden.

Aufsichtspflicht im BGB

Das BGB nennt zwei Personengruppen, die aufsichtspflichtig sind:
1. Personen, die die Aufsichtspflicht per Gesetz haben (§ 832 Abs. 1):
- Eltern, ggf. ein Elternteil nach Trennung der Eltern und Übertragung der elterlichen Sorge,
- Vormund und Pfleger gegenüber dem Mündel,
- Betreuer,
- Lehrer an öffentlichen Schulen gegenüber minderjährigen Schülern (Besonderheit: Haftungsprivileg von Beamten),
- MitarbeiterInnen öffentlicher sozialpädagogischer Einrichtungen (z. B. städtischer Kindergarten).

2. Personen/Institutionen, die die Aufsichtspflicht per Vertrag übernehmen (§ 832 Abs. 2):
- Kindertageseinrichtung, Erzieherin, Sozialpädagogische Assistentin (privater Träger),
- Babysitter,
- Verein,
- Übungsleiter (unabhängig von der Absolvierung einer Übungsleiterausbildung),
- privater Lehrer (z. B. Klavierlehrer, Tennislehrer),
- Krankenhaus usw.

Der Vertrag über die Beaufsichtigung kann schriftlich, mündlich oder stillschweigend erfolgen.

Aufsichtspflicht – Teil der Personensorge

Die Aufsichtspflicht ist Teil der Personensorge (§ 1631 Abs. 1 BGB). In der Regel obliegt diese den Eltern. Wird ein Kind in den Kindergarten aufgenommen, übernimmt der Träger per Betreuungsvertrag die Aufsichtspflicht für das Kind. Der Träger delegiert diese Pflicht an die Leiterin der Einrichtung, welche sie wiederum den MitarbeiterInnen überträgt. Die Leiterin hat jedoch dafür Sorge zu tragen, dass die ErzieherInnen umfassend über ihre Aufgaben informiert sind und Kenntnis über besondere Gefahrensituationen besitzen. Zudem muss sie sich vergewissern, dass diese ihrer Aufsichtspflicht nachkommen; dabei steht sie ihnen beratend zur Seite. Die Delegation der Aufsichtspflicht an die pädagogischen Fachkräfte geschieht durch den Arbeitsvertrag, kann aber auch stillschweigend erfolgen. Zu den Pflichten des Arbeitgebers gehört es, das Personal so auszuwählen, dass eine gute und umsichtige Betreuung der Kinder gewährleistet ist. Das bedeutet, dass die Eignung der neuen Mitarbeiterin überprüft wird, dass sichergestellt wird, dass sie eine ausreichende Einarbeitungszeit erhält, ihr wichtige Informationen zugänglich gemacht werden (z. B. über Allergien, Behinderungen,

Aufsichtspflicht durch Vertrag

Eine Aufsichtspflicht durch Vertrag liegt immer dann vor, wenn die Aufsichtspflicht durch eine entsprechende Vereinbarung übertragen wurde. Der Vertrag über die Beaufsichtigung eines Kindes kann **schriftlich** (Betreuungsvertrag), **mündlich** (Frau A. übergibt ihre Tochter einer Freundin mit den Worten: „Passt du bitte auf Insa auf" und diese antwortet: „Aber klar, dass mach ich gerne") oder **stillschweigend** (der Babysitter kommt in die Wohnung der Familie B., lässt sich dort die Aufgaben erklären, verabschiedet die Eltern und kümmert sich dann um das Kind) zustande kommen. Auch eine **Delegation** geschieht meistens stillschweigend (die Leiterin der Einrichtung nimmt den Aufnahmeantrag entgegen, betreut das Kind aber nicht selbst, sondern übergibt es einer Erzieherin).
Der Gesetzgeber definiert eine vertragliche Übernahme der Aufsichtspflicht so: Sie liegt immer dann vor, wenn es sich um eine „weitreichende Obhut von längerer Dauer und weitgehender Einwirkungsmöglichkeit" handelt (vgl. Urteil des Bundesgerichtshofs [BGH], in: Neue Juristische Wochenschrift [NJW] 1968, 1974).

gesundheitliche Beeinträchtigungen der zu betreuenden Kinder) und sie nicht überfordert wird. Auf der anderen Seite wird von der Erzieherin aber auch die Fähigkeit zur Selbsteinschätzung erwartet, was bedeutet, dass sie Aufträge ablehnt, die eine Überforderung bedeuten würden. Wenn die KiTa-Leiterin die neue Kollegin beispielsweise auffordert, alleine mit 24 lebhaften Kindern die Sporthalle der Grundschule aufzusuchen, um dort mit den Kindern zu turnen, wird von ihr erwartet, dass sie den Auftrag ablehnt, wenn er aus ihrer Sicht eine Überforderung darstellt. Sollte etwas passieren, kann sie sich nicht darauf berufen, lediglich einen dienstlichen Auftrag ausgeführt zu haben.

Zum Beispiel Patrick und Jan
Patrick (5 Jahre) und Jan (4 Jahre) spielen in der Sandkiste. Es handelt sich bei den beiden um lebhafte, aber nicht aggressive Kinder, die bisher nie auffällig waren und auch kleine Auseinandersetzungen durchaus in eigener Regie regeln konnten. Während sich die Erzieherin den anderen Kindern zuwendet, zieht Jan Patrick die Schaufel über den Kopf und verursacht eine Platzwunde, die sofort genäht werden muss. Patricks Eltern sind erbost. Sie gehen von einer Aufsichtspflichtverletzung der Erzieherin aus und fordern Schmerzensgeld für ihren Sohn sowie Übernahme der Arztkosten. In einem Gespräch zwischen Eltern, Träger, Leitung und Erzieherin kann dann aber geklärt werden, dass keine Verletzung der Aufsichtspflicht vorliegt. Die Aktion von Jan war so spontan, dass die Erzieherin den Vorfall auch nicht hätte verhindern können, wenn sie direkt neben den Jungen gestanden hätte. Sie kann deutlich machen, dass sie sich ihrer Aufgabe sehr bewusst ist und selbstverständlich dafür Sorge trägt, dass die Kinder sich nicht gegenseitig Schaden zufügen; völlig verhindern kann sie es aber nicht.

Aufsichtspflicht-Handbuch
Es empfiehlt sich, gemeinsam im Team ein Handbuch der Aufsichtspflicht zu entwickeln und allen neuen MitarbeiterInnen zugänglich zu machen. In diesem Handbuch sollten Sie

- auf besondere Gefahrensituationen und -quellen hinweisen (z. B. Küche, Teich, Kletterbaum),
- Regeln für den Umgang mit solchen Gefahrenquellen aufstellen (z. B. „Die Kinder spielen nicht ohne Aufsicht im Freigelände; beim Klettern muss immer eine Erzieherin direkt neben dem Baum stehen"),
- Regeln für das Aufsichtsverhalten bei Ausflügen, Festen und in besonderen Situationen aufstellen,
- klären, ob private Pkws für Fahrgemeinschaften benutzt werden können,
- die Benutzung von Dienstfahrzeugen erläutern,
- eine Interventionskette beschreiben, die das Verhalten der ErzieherInnen regelt, wenn etwas passieren sollte (z. B. Leitung informieren, Eltern benachrichtigen, Arzt rufen, keine Auskunft an die Presse geben),
- Informationen notieren zum Verhalten bei Feueralarm, Krankheiten, Unfällen etc.

Es können hier nicht alle Situationen beschrieben werden. Sie sollten eine Arbeitsgruppe bilden, die ein solches Handbuch einrichtungsspezifisch erstellt.

Umgang mit Gefahrenquellen

Eine wichtige Aufgabe der Erzieherin besteht darin, Gefahrenquellen zu beseitigen bzw. dafür Sorge zu tragen, dass niemand durch eine Gefahrenquelle zu Schaden kommt. Der Teich im Außengelände muss also so gesichert sein, dass kein Kind hineinfallen kann, und sollte eine größere Reparatur im Haus anstehen, muss dafür gesorgt werden, dass die Baustelle gut gesichert ist. Die MitarbeiterInnen der Einrichtung sind verpflichtet, dem Arbeitgeber Sicherheitsmängel zu melden, damit dieser umgehend die Gefahrenquelle beseitigt. Für die Beseitigung des Mangels ist der Träger verantwortlich, nicht die Erzieherin.

Aufsichtspflicht versus Selbstständigkeit?

Der Bundesgerichtshof definiert die Aufsichtspflicht so: „Entscheidend ist, was verständige Eltern (oder Erzieher, oder Betreuer) nach vernünftigen Anforderungen unternehmen müssen, um die Schädigung Dritter durch ihr Kind zu verhindern" (zitiert nach Münder 1999 in: www.kindergartenpaedagogik.de). Auch aus dieser Auslegung geht hervor, wie wichtig eine enge Zusammenarbeit mit den Eltern ist. Gemeinsam mit ihnen wird der Rahmen für die Beaufsichtigung festgelegt.

Die Erzieherin muss einerseits Aufsicht ausüben, andererseits die Selbstständigkeit der Kinder fördern.

Aufsichtspflicht ist ein wichtiges, sensibles und zugleich nicht eindeutig (im Sinne von „wir kennen das richtige Rezept") zu klärendes Thema. Selbst wenn eine Erzieherin ständig alle Sicherheitsaspekte im Auge hat, ist ein Schadensfall nicht völlig auszuschließen. Der gesetzlich formulierte Erziehungsauftrag (§§ 1, 22 SGB VIII; § 1626 BGB) verpflichtet auch ErzieherInnen, Kinder zu eigenverantwortlichen und gemeinschaftsfähigen Persönlichkeiten zu erziehen. Das Problem liegt demnach in dem zu leistenden Spagat, einerseits Aufsicht auszuüben und andererseits Freiräume zu gewähren und Selbstständigkeit zu fördern.

Zum Beispiel Nassima und Anne

Nassima und Anne sind beide fünf Jahre alt. Nassima wächst äußerst behütet in einem Elternhaus auf, in dem sportliche Aktivitäten von Mädchen als anstößig betrachtet werden. Die Eltern würden Nassima nie erlauben, auf einen Baum zu klettern;

deswegen hat sie darin auch keinerlei Übung. Anders Anne. Sie klettert den ganzen Tag und beweist dabei hohes Geschick. Ihre Eltern ermutigen sie dazu, ihre Fähigkeiten zu erproben, und wissen – ebenso wie die Erzieherin –, dass Anne ihre Grenzen schon sehr gut einschätzen kann. Nun wollen beide Mädchen auf den knorrigen alten Baum klettern. Was ist zu tun?

Klar ist, dass es keine Lösung gibt, die für beide Kinder in gleichem Maße gilt. Die Erzieherin hat abzuwägen zwischen Sicherheit und pädagogischem Auftrag (u. a. Erziehung zur Selbstständigkeit). Das gesetzlich formulierte Erziehungsleitbild beinhaltet, dass Kinder nur dann lernen können, Risiken und Gefahren zu bewältigen, wenn sie schrittweise gelernt haben, damit umzugehen. Letztlich kommt es also darauf an, einen pädagogischen Spielraum zu nutzen und erzieherisches Verhalten, das selbstverständlich notwendig einzuhaltende Sicherheitsaspekte berücksichtigt, zu begründen.

Sechs Regeln für die Beaufsichtigung Minderjähriger

1. So viel Erziehung wie möglich, so wenig Aufsicht wie nötig.
2. Auf mögliche Gefahren hinweisen.
3. Verhaltensregeln aufstellen.
4. Überprüfen, ob die Regeln verstanden wurden.
5. Prüfen, ob die Regeln eingehalten werden.
6. Bei Gefahr eingreifen.

Der Grundsatz der Fachlichkeit

Die Aufsichtspflicht beinhaltet den Spagat zwischen der Fachlichkeit der Erzieherin und der Verhältnismäßigkeit der Aufsichtsmaßnahmen. Das bedeutet, dass die Erzieherin in aller Regel nur Maßnahmen der Aufsicht ergreifen sollte, die pädagogisch sinnvoll sind und in einem angemessenen Verhältnis zur Gefahr stehen.

Beispiel: Gefahr im Bällebad

In der KiTa „Zum Gutshof" gibt es ein Bällebad. Die Kinder wissen, dass immer nur zwei Kinder zur gleichen Zeit darin toben dürfen. Trotzdem stürzen sich immer wieder bis zu acht Kinder in die Bälle. Die Erzieherinnen reagieren mit Verboten, weil sie fürchten, dass die Kinder sich verletzen könnten. Diese Maßnahme bleibt jedoch recht erfolglos. Eine neue Mitarbeiterin schlägt einen anderen Weg vor, der als Versuch von den Kolleginnen akzeptiert wird. Nun sitzen die Kinder mit der neuen Erzieherin im Stuhlkreis und besprechen, warum das Spiel mit möglichst vielen Kindern im Bällebad so viel Spaß macht und was passieren kann, wenn nicht alle aufmerksam sind und gemeinsame Regeln absprechen. In der Gesprächsrunde wird deutlich, dass die Kinder keine Ahnung haben, warum sie immer nur zu zweit im Bällebad spielen dürfen. Man einigt sich schließlich darauf, dass die Kinder verschiedene Möglichkeiten des Spiels im Bällebad erproben. Die Erzieherin beobachtet, wie die Kinder verschiedene Spielmöglichkeiten ausprobieren, dabei Grenzen entdecken, Regeln aufstellen und verwerfen und neue Verabredungen treffen. Es scheint ihnen Spaß zu machen, selbst herauszufinden, wie das Spiel gelingen kann, ohne dass jemandem weh getan wird. Die Erzieherinnen freuen sich

Wer die Kinder gut kennt, kann einschätzen, wie hoch das Maß an Beaufsichtigung für jedes Kind sein muss.

mit den Kindern über den Erfolg und sagen ihnen das auch. Nachdem die Kinder ihre eigenen Regeln aufgestellt haben, entwickeln sie großen Ehrgeiz dabei, diese Regeln auch einzuhalten.

In diesem Fall wurde ein hohes Maß an Fachlichkeit ausgeübt:

- Die Kinder wurden beteiligt,
- es wurden gemeinsame Regeln aufgestellt,
- die Regeln verhindern, dass die Kinder sich selbst bzw. andere Kinder gefährden oder verletzen,
- die Kinder haben eine ihrem Alter und ihrem Entwicklungsstand angemessene Entscheidung getroffen,
- die Erzieherinnen müssen keine „Vorträge" mehr halten, die sowieso kaum Wirkung gezeigt haben,
- die Kinder konnten aus eigener Erfahrung die Gefahr einschätzen lernen und deswegen selbst Grenzen ziehen.

Zusammenarbeit mit den Eltern

Auch das im vorangegangenen Kapitel geschilderte Beispiel von Anne und Nassima (beide Kinder wollen auf einen Baum klettern; Anne ist darin geübt, Nassima überhaupt nicht) zeigt, dass grundlegende Entscheidungen, die die Erzieherin im Spannungsfeld von Fachlichkeit und Aufsichtspflicht trifft, möglichst schon im Vorfeld mit den Eltern abgesprochen werden sollten (z. B.: Sind Nassimas Eltern damit einverstanden, dass die Erzieherin das Kind zum Klettern ermutigt und dabei Hilfestellung anbietet?). Sinnvoll ist es, solche Entscheidungen auch zu dokumentieren. Sollte tatsächlich einmal etwas passieren und kommt es im Zweifelsfall gar zu einer Gerichtsverhandlung, ist es wichtig, dass die Erzieherin ihre Handlungsweise fachlich begründen kann. Denn: Was pädagogisch nachvollziehbar begründet ist, kann keine Aufsichtspflichtverletzung sein!

Das richtige Maß finden

Tanja, die Praktikantin, ist sehr pflichtbewusst und aufmerksam. Auch sie betrachtet das Treiben im Bällebad mit Skepsis. Weil sie befürchtet, dass die Kinder eben doch nicht achtsam genug mit den Regeln umgehen, stellt sie sich nun ständig an den Rand des Bällebades, um die Kinder zu beaufsichtigen. Denen macht das beaufsichtigte Spiel nur noch halb soviel Spaß, das spürt auch Tanja. Sie spricht darüber mit der neuen Kollegin. Die ist der Meinung, dass selbst eine Mutter ihr fünfjähriges Kind nicht ständig überwachen kann und sollte. Wie soll es sonst jemals selbstständig werden? Wichtig ist, die Kinder gut zu kennen, eine gute Beziehung und Vertrauen zu ihnen aufzubauen. Wer intensiven Kontakt mit den Kindern hat, kann einschätzen, wie hoch das Maß an Beaufsichtigung für jedes einzelne Kind sein muss. Man kennt seine „Pappenheimer", die den aufmerksamen Blick brauchen, ebenso wie die verlässlichen Kinder, bei denen man die Kontrolle auf ein Minimum beschränken kann.

Bestimmungsfaktoren

Es gibt kein Rezept für die Beaufsichtigung Minderjähriger. Es gibt aber Faktoren, die den Umfang der Beaufsichtigung beeinflussen sollten. Zu bedenken ist, dass keine Aufsichtssituation der anderen gleicht. Deswegen gibt es keine eindeutigen Regeln, sondern immer nur Ratschläge für den möglichen Umgang mit heiklen Situationen. Auch die Rechtsurteile des Bundesgerichtshofes helfen hier nicht weiter, da auch in der Rechtssprechung Situationen unterschiedlich beurteilt werden. Sollte es einmal zu einem Verfahren kommen, können Sie aber davon ausgehen, dass das Gericht sich mit den im Schaubild (S. 27) genannten Faktoren beschäftigen wird.

Allen Bestimmungsfaktoren voran sind jedoch der Erziehungsauftrag zur Selbstständigkeit und die Zumutbarkeit für die beaufsichtigende Pädagogin zu berücksichtigen. Auch hier gilt: ErzieherInnen sind unterschiedlich. Manche entwickeln sehr früh die Fähigkeit, immer alles im Blick zu haben, andere brauchen etwas länger und muten sich zunächst einmal keine Situationen zu, in denen es problematisch werden könnte.

Diagramm "Bestimmungsfaktoren der Aufsichtspflicht":

- **Spielart**: Gefährdungsgrad, Bekanntheitsgrad für die Kinder, Päd. Ziel, Regeln
- **Ziele**: Vereinbarkeit mit Zielen, Einbettung in das Konzept, Fachlichkeit / Verhältnismäßigkeit, Vorbereitung
- **Kinder**: Alter, Entwicklungsstand, Kenntnisse, Verhalten, Beeinträchtigungen, Dauer der Gruppenzugehörigkeit
- **Gruppe**: Gruppengröße, Gruppendynamik, aktuelle Situation
- **Umfeld**: Abgeschlossenheit, Bekanntheitsgrad, Gefahrenquellen, Beschaffenheit
- **Pädagogen**: Alter, Erfahrung, Ausbildung, Beeinträchtigungen, Zugang / Akzeptanz / Beziehung, Übersicht

Informationspflicht

Sonja (3 Jahre) ist neu in der KiTa. Sie spielt in der mit Teppichboden ausgelegten Theater- und Verkleidungsecke, hantiert mit Stoffen und Kleidern und bekommt plötzlich heftige Atemnot. Die Erzieherin reagiert sofort, ruft einen Notarzt, benachrichtigt die Eltern und zieht die Leiterin hinzu, die ein Notfallspray zur Hand hat. Das hat sie von Sonjas Eltern für solche Fälle erhalten. Sonja ist Hausstauballergikerin. Obwohl in diesem Fall schnell reagiert wurde, hätte die Erzieherin, die für Sonja zuständig ist, besser informiert sein müssen. Sonja hätte nicht in dieser Umgebung spielen dürfen oder es hätte gewährleistet sein müssen, dass alle Utensilien regelmäßig von Milben befreit werden. Auch die Leiterin hätte Sorge dafür tragen müssen, dass die Gruppenleiterin umfassend über Sonjas Allergie und die damit verbundenen Vorsichtsmaßnahmen Bescheid weiß.

Infos für die Erzieherin

Eine umfassende und dem jeweiligen Kind angemessene Aufsichtsführung ist nur möglich, wenn die Erzieherin die zu beaufsichtigenden Kinder genau kennt und ausreichend über sie informiert ist. Diese Informationen betreffen insbesondere folgende Aspekte:

- Gibt es besondere gesundheitliche Risiken (z. B. Allergien, Diabetes, Asthma) oder Behinderungen?
- Ist das Kind altersgemäß entwickelt und vor allem verständig genug, um den Anweisungen der Erzieherin Folge leisten zu können?
- Bringt das Kind entsprechende Vorerfahrungen von zu Hause mit und kennt sich deshalb mit der Situation bzw. Beschäftigung aus?
- Wie würden sich die Eltern in dieser Aufsichtssituation verhalten?
- Wie reagiert das Kind vermutlich in dieser neuen Situation?
- Ist es der Situation körperlich gewachsen?

Infos für die Eltern

Wie die Aufsichtspflicht zu handhaben ist, richtet sich nach dem Alter des Kindes, seinem Entwicklungsstand, seiner Erfahrung (z. B. mit dem Fahrrad) und nach den äußeren Umständen (z. B. Verkehrssituation, besondere Gefahren). Obwohl Eltern in der Regel wissen, was sie ihren Kindern zumuten können, haben ErzieherInnen manchmal einen anderen Blick und hinsichtlich der Verkehrssicherheit von Kindern unter Umständen eine kompetentere Einschätzung. Sie sollten die Eltern darüber informieren, dass Verkehrsexperten davon abraten, Kinder unter acht Jahren allein mit dem Fahrrad fahren zu lassen. Die Experten gehen davon aus, dass Kindern in diesem Alter nicht nur die nötige Umsicht und das Training fehlen, sondern auch das erforderliche Reaktionsvermögen und der erweiterte Blickwinkel, um Gefahren rechtzeitig zu erfassen.

Kinder sind in diesem Alter noch leicht ablenkbar und reagieren auf akustische Signale (z. B. ein heranfahrendes Auto) nicht rechtzeitig. Mit dem Fahrrad entwickeln Kinder eine hohe, für sie kaum einzuschätzende Geschwindigkeit. Darüber hinaus müssen sie das Fahrrad lenken, auf den Verkehr achten, den Weg im Blick haben ... So wie das Lenken eines Autos für den Erwachsenen eine komplexe Angelegenheit ist, die lange trainiert werden muss, ist es das Radfahren für das Kind auch. Es besteht für ein ungeübtes und motorisch noch nicht voll entwickeltes Kind deswegen kaum eine Chance, Signale rechtzeitig wahrzunehmen und darauf zu reagieren. Daher ist es kein Zufall, dass nicht nur die Anzahl der sehr jungen Radfahrer zugenommen hat, sondern auch die Zahl der Fahrradunfälle von Kindern. Diese Zusammenhänge sollte die Erzieherin den Eltern deutlich machen und eventuell auch einen Verkehrsexperten zum Elternabend einladen. Vor allem zu Beginn des Kindergartenjahres ist es notwendig, mit den Eltern verkehrssicherheitstechnische Aspekte und Fragen der Aufsichtspflicht zu besprechen.

Hinweis:

Des Weiteren benötigen ErzieherInnen Kenntnisse über
- Unfallverhütungsvorschriften,
- das Bundesseuchengesetz,
- die Straßenverkehrsordnung,
- andere einschlägige Gesetze (BGB, SGB VII, SGB VIII, StGB).

Beginn und Ende der Aufsichtspflicht

Normalerweise regelt der Betreuungsvertrag Beginn und Ende der Aufsichtspflicht. Ist das nicht der Fall, gelten folgende Regeln: Die Aufsichtspflicht beginnt in dem Moment, in dem das Kind in die Obhut der Erzieherin übergeben wird; sie endet, wenn das Kind aus der Obhut der Erzieherin entlassen wird. Konkret

vertraglich geregelt werden, wer das Kind bringen und abholen darf (z. B. auch der nicht sorgeberechtigte Vater, die große Schwester, die Nachbarin?), ob es alleine zur KiTa und nach Hause gehen oder gar mit dem Fahrrad fahren darf. Es empfiehlt sich, auch eine Absprache darüber zu treffen, was geschehen soll, wenn ein Kind nicht pünktlich abgeholt oder zu früh gebracht wird. Es darf nicht passieren, dass ein Kind

Normalerweise regelt der Betreuungsvertrag Beginn und Ende der Aufsichtspflicht.

bedeutet das: Sobald das Kind das KiTa-Gelände betritt, beginnt die Aufsichtspflicht der Einrichtung. Innerhalb der KiTa sind die Zuständigkeiten zu regeln, insbesondere, wenn es sich um sehr große Einrichtungen mit offenem Raumkonzept handelt. Hilfreich ist bei einem offenen Konzept die einfache Regel: Wer das Sagen hat, hat auch die Verantwortung. Wer also für den Werkraum zuständig ist, trägt auch die Verantwortung für die sich dort aufhaltenden Kinder, egal, welcher Erzieherin sie sonst zugeordnet sind.
Der Weg zur Einrichtung unterliegt nicht der Aufsichtspflicht der Fachkräfte. Mit den Eltern muss jedoch

benachteiligt wird, weil bei Eltern diesbezüglich falsche Erwartungen herrschen. Bei Unternehmungen außer Haus während der Betreuungszeit obliegt die Aufsichtspflicht natürlich der Einrichtung.

Zum Beispiel Noel
Die Mutter von Noel steht mit ihrer Tochter noch auf dem Gelände der KiTa, weil sie sich mit Frau B., der Leiterin, kurz über die anstehenden Wahlen zum Elternbeirat unterhalten will. Die beiden Frauen sind ins Gespräch vertieft, während Noel sich ein Fahrrad schnappt und unbe-

merkt auf die Straße fährt, wo sie unglücklich stürzt. Noels Mutter ist der Ansicht, dass Frau B. noch für ihr Kind die aufsichtspflichtige Person war, und verlangt Schadensersatz. Der wird allerdings nicht gewährt, weil in dem Moment, in dem die Personensorgeberechtigte ihr Kind in Empfang nimmt, die Aufsichtspflicht der Einrichtung endet.

Delegation der Aufsichtspflicht

Der Träger der Einrichtung delegiert die Aufsichtspflicht an die pädagogischen Fachkräfte. Es ist davon auszugehen, dass er sich vorher davon überzeugt hat, dass das eingestellte Personal in der Lage ist, dieser Pflicht zufriedenstellend nachzukommen. Beauftragt der Träger eine ungeeignete Person oder überfordert er die Aufsicht führende Mitarbeiterin durch erschwerende Umstände (z. B. zu große Kindergruppe), verletzt er seine Aufsichtspflicht.

Die Aufsichtspflicht kann aber auch von der Erzieherin an eine „dritte Person" delegiert werden (vgl. Kapitel „Rechtsbeziehung Eltern – KiTa"). Eine Praktikantin, eine Mutter oder eine andere Person kann ebenso die Aufsicht für ein Kind oder eine Kindergruppe übernehmen. Es muss allerdings gewährleistet sein, dass diese Person geeignet und mit der Aufgabe nicht überfordert ist. Ob dies tatsächlich der Fall ist, hängt von ihren persönlichen Erfahrungen, Fähigkeiten und Kenntnissen ab und davon, ob sie zuverlässig und gewissenhaft ist. „An Praktikantinnen, Kinderpflegerinnen, weitere pädagogische Kräfte sowie andere Personen (z. B. Mütter und Väter) kann die Aufsichtspflicht delegiert werden, wenn sie zur Aufsichtsführung geeignet und mit dieser nicht überfordert sind. An die Anleitung und Überwachung, vor allem von Praktikantinnen, werden dabei höhere Anforderungen zu stellen sein" (Hundmeyer 1995, S. 28).

Besondere Aufsichtspflichtsituationen

Die folgenden Praxisbeispiele beschreiben typische heikle Aufsichtspflichtsituationen, mit denen ErzieherInnen im pädagogischen Alltag immer wieder konfrontiert sind.

Charlotte und das Fahrrad

Charlotte, sportlich und selbstständig, ist knapp sechs Jahre alt und fährt seit ihrem vierten Lebensjahr Fahrrad. Ihre Eltern haben sie oft auf Radtouren mitgenommen und den Weg vom Elternhaus zur KiTa mit ihr trainiert. Da sie umsichtig und intelligent ist, sind die Eltern davon überzeugt, dass sich Charlotte in einer vertrauten Umgebung sicher mit dem Rad bewegt. Das sieht die Leiterin der KiTa jedoch anders. Sie ist in Sorge, bei einem möglichen Unfall zur Verantwortung gezogen zu werden.

Wer trägt beim Bringen und Abholen des Kindes die Verantwortung? Grundsätzlich sind dies die Personensorgeberechtigten, also in der Regel die Eltern oder Pflegeeltern. Es kann aber auch eine von den Sorgeberechtigten beauftragte Person sein. Allerdings muss die Kindertagesstätte davon Kenntnis haben, am besten schriftlich. Der Träger ist nur dann verantwortlich, wenn er den Transport organisiert, die Kinder also abholt und nach Hause bringt. Kommt das Kind alleine zu Fuß, mit dem Roller oder Fahrrad in die KiTa, so liegt die Verantwortung bei den Personensorgeberechtigten. Die Aufsichtspflicht der Einrichtung endet, wenn das Kind das Gelände der KiTa vereinbarungsgemäß verlassen hat. Das bedeutet: Die Partner der Vereinbarung – in der Regel die Eltern und die Tageseinrichtung –, die dem Wohl des Kindes gesetzlich verpflichtet sind (§§ 1627, 1631 BGB), müssen klären, wie das Kind am Ende des KiTa-Tages nach Hause gelangen soll. Es muss eine gemeinsame Absprache darüber geben, ob es alleine nach Hause gehen und

Träger → Leiterin → Erzieherin / Erzieherin / Erzieherin / Erzieherin; Erzieherin → Praktikantin / Mutter; Erzieherin → Zivildienstleistender

dafür vielleicht sogar Fahrrad oder Roller benutzen darf oder abgeholt wird. Auch wer zur Abholung berechtigt ist, muss im Aufnahmevertrag oder durch eine schriftliche Erklärung festgehalten werden. In unserem Beispiel müsste sich die Leiterin von den Eltern schriftlich bestätigen lassen, dass Charlotte mit deren ausdrücklicher Erlaubnis das Fahrrad benutzt.

Hinweis:

Der Träger ist befugt, eine Bring- und Abholpflicht zur Vertragsbedingung zu machen. Bei Kindern unter acht Jahren ist das durchaus sinnvoll und hilft, mögliche Konflikte zu vermeiden.

Ein Anruf genügt?

Paul wird – so ist es vereinbart – grundsätzlich von seiner Mutter gebracht und abgeholt. Aber heute ist ihr etwas dazwischen gekommen. Sie ruft in der KiTa an, um Bescheid zu geben, dass Paul ausnahmsweise alleine nach Hause gehen darf. Die Erzieherin ist verunsichert, ob sie dem Wunsch der Mutter entsprechen darf.
Pauls Mutter möchte den Vertrag für einen kurzen Zeitraum mündlich verändern. Das ist ihr gutes Recht und durchaus zulässig. Aber: Wird sich die Mutter auch an das Telefonat erinnern, wenn Paul auf dem Heimweg etwas passiert? Am besten zieht die Erzieherin eine Kollegin als Zeugin hinzu, der gegenüber die Mutter ihren Wunsch noch einmal bestätigt. Ein Eintrag ins Notizbuch reicht als Beweis nicht aus.

Fahrt mit dem privaten Pkw

Einmal in der Woche fährt eine Gruppe der KiTa in den Wald. Der Anfahrtsweg ist mit öffentlichen Verkehrsmitteln nicht zu bewältigen. Deshalb stellen Eltern und Erzieherinnen Fahrgemeinschaften zusammen. Erst als eine Erzieherin sieht,

Wenn Eltern Fahrgemeinschaften zum Transport der Kinder bilden, tun sie das auf eigene Gefahr.

dass die Mutter von Lena nicht nur keine Kindersitze im Auto hat, sondern gleich vier Kinder auf dem Rücksitz Platz nehmen lässt, beginnen die Erzieherinnen, sich Gedanken über den Transport zu machen und Regeln aufzustellen. Hierzu einige wichtige Hinweise:

1. Es ist unvernünftig, private Pkws für den Transport von Kindern zu nutzen. Selbst wenn die ErzieherInnen oder Eltern eine Insassenversicherung haben (und die sollte auf jeden Fall bestehen), ist ein möglicher Schaden damit nicht unbedingt abgedeckt.
2. Wenn Eltern Fahrgemeinschaften bilden, tun sie das auf eigene

Gefahr. ErzieherInnen sollten sich bei solchen Regelungen nicht einmischen, damit nicht der Eindruck entsteht, sie hätten die Verantwortung für mögliche Folgen zu tragen. Dennoch können sie Hinweise zum Umgang mit solchen Fahrten geben oder einen Exper-

ten einladen. Sinnvoll ist es, mit den Eltern Verträge abzuschließen, aus denen hervorgeht, dass der Waldtag am Waldrand X beginnt und dort auch zu einer bestimmten Uhrzeit endet.
3. Manche Einrichtungen haben einen Dienstwagen. Der darf nur von MitarbeiterInnen gefahren werden, die dafür ausgewählt und ausgebildet worden sind. Ein Dienstwagen und dessen Fahrer/in sind durch den Träger versichert.
4. ErzieherInnen sollten sich in jedem Fall beim Gemeindeunfallversicherungsverband (GUV) über Konsequenzen aus Fahrten mit dem privaten Pkw informieren.

Garantiepflicht

Es kann vorkommen, dass
• Eltern und Erzieherin die Fähigkeiten des Kindes unterschiedlich einschätzen,
• sich Situationen verändern, z. B. eine ehemals überschaubare Straße zum Sicherheitsrisiko wird,
• das Kind während seines Aufenthalts in der KiTa erkrankt,
• Schneesturm oder starker Regen einsetzt.
Dann ist es Aufgabe der Erzieherin, verantwortlich einzuschätzen, ob und wie das Kind ungefährdet den Heimweg antreten kann. An dieser Stelle setzt die durch den Aufnahmevertrag bedingte „Garantiepflicht" ein. Das heißt, Eltern müssen sich darauf verlassen können, dass ErzieherInnen Gefahrensituationen realistisch einschätzen und Kinder vor Gefährdung schützen. Notfalls muss das Kind so lange in der KiTa bleiben, bis die Gefahr vorbei ist. Natürlich müssen die Eltern informiert werden.

Ausflug in den Wald

Die Anfahrt zum Wald ist durch Eigeninitiative der Eltern geregelt. Die Erzieherinnen haben die Kinder bei der Vorbereitung des Ausflugs auf mögliche Gefahren hingewiesen und sind selbst mehrfach den Weg durch den Wald abgegangen. Sie haben mit dem Förster geredet und sich über giftige Pflanzen, Brutzeiten der Tiere und zu vermeidende Plätze und Wege informiert. Auch einen Schlechtwetterunterschlupf haben sie gefunden. Am Ausflugstag selbst haben sie einen „Hackenporsche" dabei, d. h. ein Handy (mit gespeicherten Notrufnummern), ein Erste-Hilfe-Set, Verbandszeug, Wasser, Mülltüten, Toilettenpapier, Zeckenzange, Sonnenschutzmittel und Ersatzkleidung. Eigentlich kann nichts mehr schiefgehen. Und dennoch ist Kevin plötzlich verschwunden. Die Erzieherinnen haben mit den Kindern ein kleines Erkundungsspiel gemacht, bei dem Kevin sich so gut versteckt hat, dass ihn nun keiner mehr findet. Erst nach 30 Minuten hat die gemeinsame Suche Erfolg. Allen fällt ein Stein vom Herzen und gemeinsam denken die Erzieherinnen darüber nach, was sie bei ihrer Vorbereitung des Ausflugs zusätzlich hätten berücksichtigen sollen. Folgende Punkte gilt es in jedem Fall zu beachten:

1. Entscheidend ist es, die Fähigkeiten der Kinder richtig einzuschätzen. Sie müssen sich die Frage beantworten, wie viel Freiheit die Kinder brauchen und wie viel Sie ihnen zumuten können.
2. Wenn Sie ein Erkundungs- oder Versteckspiel machen, sollten Sie unbedingt ein Gelände dafür abstecken (z. B. mit farbigen Bändern) und es mit den Kindern abgehen. Die Kinder müssen genau wissen, wie weit sie sich allein ins Gelände wagen dürfen. Am besten fügen Sie den Erklärungen Erinnerungspunkte hinzu: „Ihr dürft bis zur Buche laufen, der Bach ist die Grenze ..."
3. Die Kinder sollten nach Möglichkeit nicht alleine, sondern grundsätzlich mindestens zu zweit sein, wenn sie sich außerhalb der Sichtweite Erwachsener befinden.
4. Sie sollten immer genügend Begleitpersonen dabei haben.
5. Sie müssen sich mit Naturschutzgesetzen, dem Tierschutzgesetz und der Forstordnung auskennen sowie über Grundkenntnisse in Erster Hilfe verfügen.

Wie würden Sie entscheiden?

Im Folgenden werden weitere Beispiele für schwierige Aufsichtspflichtsituationen geschildert. Vielleicht besprechen Sie die Beispiele im Team, indem Sie jeweils die beschriebene Situation (ohne die Lösung!) vorlesen und dann gemeinsam nach der richtigen Antwort suchen.

Wer ist zuständig?

Situation: In einer großen KiTa benutzen die Kinder beim Kommen und Gehen den Hausflur des Gebäudes. Die Erzieherin der Gruppe A geht über den Flur und sieht, wie vier Kinder der Gruppe B ein fünftes Kind der Gruppe C am Boden festhalten und es verprügeln. Die Erzieherin fühlt sich nicht für ein Eingreifen verantwortlich. Liegt sie richtig?
Antwort: Die Erzieherin liegt nicht richtig. Sie ist grundsätzlich für alle Kinder zuständig, die sich in ihrem Blickfeld befinden.

Freunde in der KiTa

Situation: Den Kindern der Hortgruppe ist es erlaubt, Freunde mit in die Einrichtung zu bringen. Sie sollen das der Erzieherin nach Möglichkeit vorher ankündigen und müssen bei ihrem Eintreffen sofort Bescheid sagen, dass sie jemanden mitgebracht haben. Ist das erlaubt? Und wenn ja, wer ist in dieser Situation aufsichtspflichtig?
Antwort: Wenn die Erzieherin den Besuch von Freunden erlaubt, ist sie auch für deren Beaufsichtigung zuständig.

Eine alkoholisierte Mutter

Situation: Leas Mutter kommt angetrunken in die KiTa, um ihre Tochter abzuholen. Die Erzieherin ist der Meinung, dass Lea durch die angetrunkene Mutter gefährdet wird, und ist nicht bereit, Lea mitgehen zu lassen. Sie möchte den Vater bzw. die Großeltern des Kindes verständigen. Eine Kollegin argumentiert, dass laut

Einer angetrunkenen Mutter muss das Kind nicht ausgehändigt werden.

§ 1632 Abs. 1 BGB die Erzieherin verpflichtet sei, das Kind an die Sorgeberechtigte herauszugeben.
Antwort: Einer angetrunkenen Sorgeberechtigten muss das Kind nicht übergeben werden. Ist Gefahr im Verzug und niemand anders erreichbar, kann auch das Jugendamt informiert werden.

Gefahr durch Verkehrsumleitung?

Situation: Anna geht – in Absprache mit Eltern und Einrichtung – jeden Tag alleine nach Hause, und das schon seit geraumer Zeit. Nun ergibt sich die Situation, dass eine Straße in der Nachbarschaft gesperrt wurde und der gesamte Verkehr durch die Straße geleitet wird, an der die KiTa liegt. Die Leiterin bittet deswegen Annas Eltern, ihre Tochter während der Zeit der Verkehrsumleitung abzuholen. Annas Eltern sind erstaunt, sie halten die Bitte für nicht berechtigt. Antwort: Wenn eine Gefährdung vorliegt, wie sie ein erhöhtes Verkehrsaufkommen darstellt, kann die Einrichtung erwarten, dass das Kind von den Eltern abgeholt wird.

Wer darf das Kind abholen?

Situation: Die Eltern von Tessa sind geschieden. Sie haben beide das Sorgerecht für ihre Tochter. Im Laufe der Zeit verschlechtert sich das Verhältnis der Eltern zueinander und Tessas Mutter verlangt von den Erzieherinnen, dass sie Tessa nicht mehr dem Vater mitgeben, wenn er kommt, um sie abzuholen. Die Erzieherinnen sind unsicher, ob sie dem Wunsch der Mutter nachkommen sollen.

Antwort: So lange beide Eltern das Sorgerecht haben, kann die Mutter nicht eigenmächtig Einschränkungen verlangen.

Aufsichtspflicht-verletzung und Haftung

Die Frage, inwieweit ErzieherInnen für Schäden, die durch vernachlässigte Aufsichtspflicht entstehen, zu haften haben, ist je nach Sachlage unterschiedlich zu beantworten. Zum einen kommt es darauf an, bei wem der Schaden entstanden ist. Handelt es sich um ein Kind der KiTa oder ist ein fremdes Kind zu Schaden gekommen? Zu fragen ist weiter, ob ein Sachschaden entstanden ist und wie dieser ggf. zu ersetzen wäre.

Ein Kind der KiTa verletzt sich

Der Erzieher Werner T. und die Erzieherin Birgit K. unternehmen einen Ausflug in das nahe gelegene Hallenbad. Sie nehmen eine Gruppe von Kindern zwischen vier und sechs Jahren mit, die alle mit entsprechenden Schwimmhilfen ausgestattet sind. Herr T. hat es übernommen, den Kindern zu erklären, wie sie sich im Schwimmbad verhalten müssen. Hierbei hat er jedoch vergessen, ihnen klarzumachen, dass sie am Beckenrand nicht rennen dürfen. Weil Herr T. noch mit den übrigen Kindern im Duschraum beschäftigt ist, fällt ihm nicht auf, dass Niklas sich von der Gruppe entfernt hat. Niklas läuft am Beckenrand entlang, entdeckt einen Nachbarjungen und will diesen begrüßen. Er rennt, stürzt und bricht sich einen Arm.

Es ist offensichtlich, dass der Erzieher seiner Aufsichtspflicht – d.h. in diesem Fall: die Kinder zusammenzuhalten und hinsichtlich der erforderlichen Verhaltensweisen ordnungsgemäß aufzuklären – nicht nachgekommen ist. Dadurch ist Niklas ein

Schaden entstanden. Es muss nun geklärt werden, ob und inwieweit Herr T. für diesen Schaden zur Rechenschaft gezogen werden kann.

Der gesetzliche Unfallschutz

Niklas ist, wie alle anderen Kinder der KiTa auch, aufgrund § 2 Abs. 1 Nr. 8 SGB VII gesetzlich unfallversichert. Das bedeutet, dass ein Versicherungsschutz für etwaige Schäden für die Zeit gilt, in der sich Niklas in der KiTa aufhält, aber auch für den Weg zur KiTa und zurück bzw. für die Teilnahme an Veranstaltungen der Einrichtung, für Ausflüge und Spaziergänge.

Haftungsfreistellung durch die Unfallversicherung

Der Träger der Unfallversicherung, die Berufsgenossenschaft, übernimmt die Kosten der Heilbehandlung und für sonstige Aufwendungen, die im Zusammenhang mit dem Unfall stehen. Die Unfallversicherung übernimmt jedoch keine Schmerzensgeldzahlungen. Niklas muss wegen des kompliziert gebrochenen

Arms lange im Krankenhaus bleiben. Dies bedeutet für ihn eine erhebliche Belastung, weswegen er nach zivilrechtlichen Vorschriften grundsätzlich Schmerzensgeld beanspruchen könnte. Da die Unfallversicherung dieses nicht trägt, stellt sich selbstverständlich die Frage, ob Herr T. für das Schmerzensgeld aufzukommen hat. Diese Frage ist klar zu verneinen.

§ 106 SGB VII sieht vor, dass Kinder, die sich beim Besuch von Kindertageseinrichtungen bzw. von dort orga-

Haftpflichtversicherung. Zusammenfassend ist festzuhalten, dass Herr T. kein Schmerzensgeld zu zahlen hat und die sonstigen Personenschäden bei Niklas von der Berufsgenossenschaft übernommen werden.

Regress der Unfallversicherung
Gegebenenfalls könnte jedoch die Berufsgenossenschaft auf Herrn T. zukommen und von ihm verlangen, dass er die von ihr übernommenen Zahlungen ersetzt. Hier sieht § 110 SGB VII eine entsprechende Haftung

Sachverhaltsdarstellung kann eine abschließende Wertung nicht vorgenommen werden. Grundsätzlich wird in vergleichbaren Fällen jedoch ein großzügiger Bewertungsrahmen angesetzt, da ansonsten derartige Ausflüge in der Praxis nicht durchführbar wären. Hinsichtlich des Rückgriffs durch die Unfallversicherung ist es wichtig und erforderlich, dass der Erzieher eine Berufshaftpflichtversicherung abgeschlossen hat. Hat er vorsätzlich oder grob fahrlässig gehandelt, kann es ihm sonst passieren, dass die Unfallversicherung die gezahlten Kosten zurückverlangt.

Grobe Fahrlässigkeit liegt vor, wenn die erforderliche Sorgfalt in ungewöhnlich hohem Maß verletzt wurde.

nisierten Ausflügen etc. verletzen, von den Betriebsangehörigen der Einrichtung – also von den ErzieherInnen – nicht verlangen können, dass sie Personenschäden ersetzen, soweit sie diese nicht vorsätzlich herbeigeführt haben. Zu den Personenschäden gehören auch zivilrechtliche Schmerzensgeldansprüche. Mit dieser Privilegierung soll vermieden werden, dass ErzieherInnen befürchten müssen, einem Kind Schmerzensgeld zahlen zu müssen, da dies die Arbeit erheblich belasten und erschweren würde. Der spezielle sozialrechtliche gesetzliche Unfallschutz der Versicherten, zu denen auch Niklas gehört, schließt die privatrechtliche Haftung für Personenschäden, wie sie sonst im BGB geregelt ist, aus. Die Haftungsfreistellung, die auch für die Träger der Kindertageseinrichtungen gilt, hat für den Freigestellten in Bezug auf Personenschäden die Auswirkung einer

gegenüber den Sozialversicherungsträgern vor. Dieser Paragraf kommt jedoch nur dann zum Tragen, wenn der Versicherungsfall – hier also der Sturz von Niklas – vorsätzlich oder grob fahrlässig von Herrn T. herbeigeführt worden ist.
Vorsatz wird von der Rechtssprechung definiert als das Wissen und Wollen der Tatbestandsverwirklichung, während grobe Fahrlässigkeit vorliegen würde, wenn der Erzieher die jeweils erforderliche Sorgfalt in ungewöhnlich hohem Maße verletzt hätte, d. h. schon einfachste, nahe liegende Überlegungen nicht angestellt und nicht einmal das bedacht hätte, was im gegebenen Fall jedem hätte einleuchten müssen. Vorsatz ist bei Herrn T. sicherlich nicht gegeben. Ob grobe Fahrlässigkeit vorliegt, kann nicht schematisch, sondern nur unter Berücksichtigung aller Umstände des Einzelfalls beantwortet werden. So ist in diesem Fall zu prüfen, wie viele Kinder von Herrn T. beaufsichtigt werden mussten, ob er sich zu der Zeit, als Niklas entwischt ist, um ein anderes Kind kümmern musste etc. Aufgrund der obigen

Arbeitsrechtliche Folgen
Die Beaufsichtigung der Kinder ist arbeitsvertragliche Hauptpflicht von ErzieherInnen. Die Verletzung bzw. Vernachlässigung dieser Verpflichtung kann arbeitsrechtliche Folgen nach sich ziehen. Dies hängt sehr davon ab, welcher Schaden entstanden und wie die Pflichtverletzung zu bewerten ist. In jedem Fall ist es in das Ermessen des Arbeitgebers gestellt, ob er das Verhalten der pädagogischen Fachkraft zum Anlass nimmt, arbeitsrechtliche Konsequenzen folgen zu lassen. Diese könnten sich in einer einfachen Ermahnung niederschlagen; auch eine Abmahnung, die eine Kündigung vorbereiten kann, ist – schriftlich oder mündlich – möglich. Wiegt die Pflichtverletzung schwer und sind ähnliche Pflichtverletzungen in der Vergangenheit bereits abgemahnt worden, kann auch eine Kündigung, welche schriftlich zu erfolgen hat, die Konse-

quenz sein. Eine Abmahnung kann eine Kündigung nur dann vorbereiten, wenn in ihr das vorgeworfene Fehlverhalten zeitlich (wann?) und tatsächlich (was?) beschrieben wird. Ebenfalls muss darin deutlich gemacht werden, dass bei erneuter Pflichtverletzung eine Kündigung als Folge droht. Derartige arbeitsrechtliche Konsequenzen sind jederzeit

fahrlässigen Körperverletzung (§ 229 Strafgesetzbuch [StGB]) zwingend erforderlich. Ob und inwieweit das Verhalten des Erziehers tatsächlich strafrechtlich zu ahnden ist, hängt davon ab, wie sich der Einzelfall gestaltet hat. In jedem Fall wird auch hier eine Prüfung unter strafrechtlichen Gesichtspunkten nicht den Maßstab anlegen, dass eine lücken-

Kinder abgestellt, um eine Sendung persönlich in der Kita abzugeben. Eines der älteren Kinder greift sich das Fahrrad, versucht auf diesem zu fahren und fällt hin. Das Kind zieht sich keine Verletzungen zu, aber das Fahrrad ist erheblich beschädigt. Es ist ein Sachschaden von 150 Euro entstanden.

Sicherlich hat Frau B. ihre Aufsichtspflicht verletzt. Sie hat für den hierdurch entstandenen Schaden am Fahrrad aufzukommen. Die gesetzliche Unfallversicherung übernimmt den Sachschaden nicht. Auch in diesem Fall kommt die private Berufshaftpflichtversicherung zum Einsatz. Der Schaden ist mit Sicherheit nicht durch Vorsatz entstanden, sondern durch Fahrlässigkeit der Erzieherin. Sie hätte die Kinder besser beaufsichtigen und insbesondere daran hindern müssen, das Fahrrad zu besteigen. Auch hier kommen die oben dargestellten arbeitsrechtlichen Konsequenzen durchaus in Betracht. Ob und inwieweit zu diesen Mitteln gegriffen wird, steht selbstverständlich im Ermessen der Vorgesetzten. Eine strafrechtliche Verfolgung dieser Angelegenheit lässt sich ausschließen, da sie vermutlich durch den Postboten nicht zur Anzeige gebracht würde und auch kein öffentliches Interesse an der Verfolgung dieser Verfehlung besteht. Der Träger der Einrichtung haftet neben der Erzieherin.

Eine Berufshaftpflichtversicherung deckt Schäden ab, die bei „dritten Personen" entstehen.

möglich, ob nun ein Schaden eingetreten ist oder nicht. Die Aufsichtspflichtverletzung als solche ist die Vertragspflichtverletzung, nicht der tatsächlich eingetretene Schaden.

Strafrechtliche Konsequenzen
Die Tatsache, dass eine pädagogische Fachkraft ihrer Aufsichtspflicht nicht nachgekommen ist, ist per se nicht strafbar. Nur soweit die Aufsichtspflicht vorsätzlich oder fahrlässig verletzt wurde und hierdurch ein Schaden entstanden ist, kann dies strafrechtliche Konsequenzen nach sich ziehen. Im Fall von Herrn T. könnte es zu solchen Konsequenzen kommen, wenn Niklas' Eltern einen entsprechenden Strafantrag stellen. Dieser ist in Fällen einer möglichen

lose Überwachung durchzuführen ist. Dass diese nicht gegeben war, reicht nicht aus, um eine Bestrafung vorzunehmen. Bei einer entsprechenden Antragstellung durch die Eltern des verletzten Kindes ist Herrn T. jedoch zu raten, anwaltliche Hilfe in Anspruch zu nehmen. Dies sollte möglichst vor einer Äußerung zum Unfallhergang erfolgen, da dabei womöglich Aussagen gemacht werden, die sich für den Erzieher später nachteilig auswirken können.

Es entsteht ein Sachschaden
Die Erzieherin Daniela B. führt die Aufsicht über die spielenden Kinder der KiTa, die sich im Garten aufhalten. Der Postbote hat sein Fahrrad in unmittelbarer Nähe der spielenden

Berufshaftpflichtversicherung

Eine Berufshaftpflichtversicherung deckt Haftpflichtschäden ab, die bei Fremden entstehen. Abgedeckt sind sowohl Personenschäden als auch Sachschäden. Entsteht also ein Schaden in Ausübung der Tätigkeit als Erzieherin bzw. Erzieher und ist dieser Schaden nicht durch Vorsatz herbeigeführt worden, tritt die private Haftpflichtversicherung für die entstandenen Schäden ein. Die Berufshaftpflichtversicherung deckt jedoch nur den Schaden ab, den der Verursacher zu tragen hat. Entsprechend gilt auch hier, dass eine Schmerzensgeldzahlung nicht übernommen wird, weil diese auch vom Verursacher nicht geleistet werden muss.

Ein fremdes Kind wird verletzt
Die Erzieherin Anna S. ist zusammen mit einer Gruppe von Hortkindern mit dem Zug unterwegs. Im Zugabteil kommt es zum Streit zwischen einem Kind aus der Gruppe und einem zufällig im selben Abteil mitreisenden anderen Kind. Der Streit eskaliert,

Anton aus der KiTa schubst den anderen Jungen, der mit dem Kopf gegen einen spitzen Gegenstand fällt und dadurch eine große Platzwunde sowie eine Gehirnerschütterung davonträgt.

Frau S. ist nicht frühzeitig schlichtend eingeschritten und hat dadurch ihre Aufsichtspflicht verletzt. Da das geschädigte Kind nicht in der KiTa angemeldet ist, greift die gesetzliche Unfallversicherung für dieses Kind nicht ein. Entsprechend gibt es auch nicht den oben dargestellten Haftungsausschluss für Personenschäden und damit auch für Schmerzensgeld. Wegen der Verletzung der Aufsichtspflicht gegenüber einem aufsichtsbedürftigen Kind hat die Erzieherin für den Schaden aufzukommen. Auch hier greift wieder die private Berufshaftpflichtversicherung ein, da der Schaden offenkundig nicht vorsätzlich verursacht wurde. Der Arbeitgeber wird in einem solchen Fall wahrscheinlich eine Abmahnung aussprechen. Strafrechtliche Konsequenzen sind wohl eher unwahrscheinlich. Grundsätzlich gilt: Wird eine außenstehende dritte Person durch die Verletzung der Aufsichtspflicht geschädigt, so haftet auch hier der Träger neben der Erzieherin gemäß § 832 BGB.

Tipp:

1. Schließen Sie, soweit noch nicht geschehen, in jedem Fall eine private Berufshaftpflichtversicherung ab.
2. Suchen Sie frühzeitig anwaltlichen Rat, um im Rahmen einer Auseinandersetzung hinsichtlich der Unfallfolgen nicht bereits gemachte Aussagen klarstellen oder gar revidieren zu müssen.

Aufsichtspflicht und Pädagogik – ein Widerspruch?

Eine Erzieherin kann nicht jedes Risiko vermeiden. Kinder müssen Schritt für Schritt den Umgang mit brenzligen oder auch gefährlichen Situationen lernen. Nur so kann auf Dauer das Risiko vermindert und Schaden vermieden werden. Hierfür ist es erforderlich, dass Kinder bestimmte Kompetenzen erwerben. Insofern ist die Auseinandersetzung mit Aufsichtsfragen immer auch eine Auseinandersetzung um pädagogische Ziele – und die müssen immer wieder neu diskutiert und bei Bedarf korrigiert werden. „Vor diesem Hintergrund scheint der nachvollziehbare Wunsch vieler ErzieherInnen nach klaren Verhaltensvorgaben und festen Regelungen wenig hilfreich, da pädagogisches Handeln auf die individuellen Bedingungen des Kindes und die jeweilige Situation auszurichten ist. Vorgaben bergen die Gefahr, dass die Verantwort-

en entwickeln. Zudem können nicht für alle Kinder die gleichen Regeln gelten. So kann es sein, dass die Erzieherin Paul erlaubt, bis ganz nach oben auf das Klettergerüst zu steigen, während Tim nur bis zur Hälfte klettern darf. Das ist eine individuelle Entscheidung, die sich am Entwicklungsstand der Kinder und ihren Vorerfahrungen orientiert. Die Erzieherin hat zudem immer abzuwägen, ob die Mittel für die Erreichung der Ziele angemessen sind. So muss sie z. B. entscheiden, ob es sinnvoller ist, für die Zubereitung des Obstsalates scharfe Küchenmesser oder Plastikmesser zu verwenden. Entscheidet sie sich für die scharfen Messer, muss sie gewährleisten können, dass sie ständig alle Kinder, die damit hantieren, im Blick hat und sofort helfend eingreifen kann. In jedem Fall muss die Erzieherin ihr Handeln stets pädagogisch begründen können, um in der Lage zu sein, auf mögliche Vorwürfe von Dritten zu reagieren. Dafür ist es notwendig, sich mit der Thematik der Aufsichtspflicht intensiv auseinanderzusetzen.

Zu ihrer Absicherung muss die Erzieherin ihr Handeln stets pädagogisch begründen können.

lichen sich mehr an geltenden Vorschriften orientieren, als Kreativität und Lebendigkeit im Handeln zu praktizieren" (Müller 2001, S. 112). Erziehung bedeutet immer auch eine gewisse Risikobereitschaft und setzt ein hohes Maß an Vertrauen voraus. In einer Atmosphäre, in der Angst vorherrscht, kann sich kein Vertrau-

„Das Recht kann und soll nicht pädagogische Inhalte bestimmen, sondern nur die Grenzen erzieherischer Gestaltungsräume aufzeigen, deren Überschreitung nicht mehr mit den berechtigten Schutzinteressen des Kindes oder der Allgemeinheit zu vereinbaren sind" (Sahliger 1992, S. 8).

MITWIRKUNG VON ELTERN

- Eltern – Experten für ihre Kinder

- Ohne Eltern geht es nicht

- Elternarbeit und Bildungspläne

- Elternversammlung und Elternbeirat

Eltern sind laut Gesetz an wichtigen Fragen, die die institutionelle Erziehung, Bildung und Betreuung ihres Kindes betreffen, zu beteiligen. Doch wie umfangreich kann und sollte die Beteiligung der Eltern sein und in welchen offiziellen Gremien findet sie statt? Hierbei setzen die Länder durchaus unterschiedliche Akzente.

Eltern – Experten für ihre Kinder

Eltern sind, so schreibt es das Gesetz vor, an der institutionellen Erziehung, Bildung und Betreuung ihres Kindes zu beteiligen. Sie sind in der Regel Experten für ihr Kind und damit auch die besten Erziehungspartner für die Einrichtung. Dazu, wie Eltern einbezogen werden können und welchen Stellenwert ihre Beteiligung hat, gibt es unterschiedliche Vorstellungen und Modelle. Zwei Modelle sollen im Folgenden dargestellt werden (siehe unten). Die erste Grafik zeigt das Kind im Mittelpunkt, während in der zweiten Grafik die gesamte Familie im Zentrum steht.

Konsequenzen

Weil „Eltern Experten in ihren familiären Belangen (sind)", fordert das Landesjugendamt Stuttgart, dass

- Eltern aktiv an allen sie betreffenden Belangen beteiligt werden,
- Erziehungspartnerschaften zwischen Eltern und anderen an der Erziehung von Kindern beteiligten oder interessierten Personen gesichert werden,
- dass die Jugendhilfe eine aktive Rolle bei der Gestaltung positiver Lebensbedingungen für Familien spielt (aus: Unsere Jugend 5/2001, S. 194 f.).

Dieser Forderung schließt sich der 11. Jugendbericht (2002) an, indem er darauf hinweist, dass Kinder in öffentlicher Verantwortung aufwachsen und deswegen die soziale Infrastruktur zu sichern ist. Und auch der 12. Jugendbericht (2005) stellt fest: „Die Leistungen für Familien müssen den Auf- und Ausbau einer Infrastruktur für Familien umfassen. Das betrifft zum Beispiel Angebote zur Stärkung der elterlichen Erziehungskompetenz oder gemeinsame Angebote für Kinder und Eltern, um die soziale Isolation von Familien zu überwinden."

Modell 1	Modell 2
Eltern / Familie	**ErzieherInnen**
Kind	Familie
ErzieherInnen — Träger	Träger — Soz. Infrastruktur

Vorteile

Modell 1:
- Alle Bemühungen konzentrieren sich auf das Kind.
- ErzieherInnen benötigen keine zusätzliche Ausbildung.
- Eltern konzentrieren sich auf die Mitarbeit in den entsprechenden Gremien.

Modell 2:
- Dieser systemische Ansatz berücksichtigt das Beziehungsgeflecht, in dem sich das Kind befindet.
- Die Erziehungskompetenz der Eltern wird gestärkt.
- Das soziale Netzwerk der Umgebung (Unterstützungssysteme) wird genutzt.
- Familiäre Belange werden stärker in den Blick genommen.
- Die Jugendhilfe spielt eine aktive Rolle.

Nachteile

Modell 1:
- Das Kind wird nicht in seinem gesamten Lebenszusammenhang gesehen.
- Die soziale Infrastruktur wird nicht genutzt.
- Die Familienkonstellation spielt nur eine untergeordnete Rolle.

Modell 2:
- Das Modell erfordert eine hohe Fachkompetenz der ErzieherInnen (Erfahrung in Familienarbeit und Erwachsenenbildung).
- Das Modell ist arbeitsintensiv.

Ohne Eltern geht es nicht

Ohne enge Zusammenarbeit mit den Eltern lassen sich die pädagogischen Ziele der KiTa nicht nachhaltig verwirklichen. Deshalb sollten ErzieherInnen die „Elternarbeit" nicht auf Elternabende und die Unterstützung bei Festen und Bastelnachmittagen reduzieren, sondern Mütter und Väter auch in die Gestaltung der pädagogischen Arbeit einbeziehen. ErzieherInnen und Eltern bringen unterschiedliche Kompetenzen ein. Eltern erleben ihr Kind in familiären Bezügen, in der Interaktion mit den Geschwistern und anderen Familienmitgliedern, beim Ins-Bett-Bringen, bei Krankheit, in Stress-Situationen usw.

Die ErzieherInnen erleben andere Situationen mit dem Kind, vielleicht auch Verhaltensweisen, die den Eltern nicht vertraut sind. Sie können ihr fachliches Wissen einbringen und das Kind – gerade auch im Vergleich mit den anderen Kindern der Gruppe – mit seinem individuellen Entwicklungsstand, seinen spezifischen Bedürfnissen und Interessen wahrnehmen. Zusammen sind Eltern und

Der Gesetzgeber verpflichtet die Einrichtungen zur Zusammenarbeit mit den Eltern.

ErzieherInnen ein unschlagbares Team. Auf keine ihrer Kompetenzen kann verzichtet werden und beide Seiten können voneinander lernen. Die professionelle Erzieherin erkennt das an und sucht nach gangbaren Wegen, die pädagogischen Ziele gemeinsam mit den Eltern zu erreichen. Damit kommt sie dem Auftrag des Gesetzgebers nach, der lautet, dass Kindertageseinrichtungen „die Erziehung und Bildung in der Familie unterstützen und ergänzen (sollen)" (§ 22 Abs. 2 SGB VIII).
Wer den Partizipationsauftrag und die Bildungsempfehlungen ernst nimmt sowie die Lebenssituationen der Kinder tatsächlich zum Anknüpfungspunkt der pädagogischen Arbeit macht, kommt an den Eltern nicht nur nicht vorbei, sondern muss sie aktiv beteiligen (vgl. hierzu auch basiswissen kita „Familien stärken – Elternbildung in der Kita"). Eltern sind aber nicht nur Experten im Hinblick auf ihre Kinder, sie können auch zu Verbündeten der ErzieherInnen werden. Beispielsweise können sie bei Netzwerk-Kontakten, bei Verhandlungen mit Vorgesetzten und Behörden eine wichtige Rolle spielen und bei möglichen Auseinandersetzungen die Fachkräfte unterstützen.

Beispiel: Eltern als Verbündete
In einer kirchlichen Einrichtung des Landes Schleswig-Holstein kam es vor einigen Jahren zu massiven Auseinandersetzungen zwischen dem KiTa-Team und dem Pastor der Kirchengemeinde. Dieser wollte auf die pädagogische Arbeit der Einrichtung Einfluss nehmen und befand sich damit im Widerspruch zu den Vorstellungen des Teams. Eine Einigung schien nicht möglich. Erst als eine Elternvertreterin von dem Konflikt erfuhr und zu einer außerordentlichen Elternversammlung einlud, bei der die Eltern ganz eindeutig Partei für die Erzieherinnen ergriffen, musste der Pastor einlenken. Bis es dazu kam, verging jedoch viel Zeit. Die Elternvertreterin hatte die Einladungsfristen nicht bedacht. So konnte der Pastor die erste Versammlung aufgrund des Formfehlers verhindern. Doch die Eltern lernten schnell und konnten den Pastor mit Bezugnahme auf das Kindertagesstättengesetz (KiTaG) davon überzeugen, dass sie ein Recht auf inhaltliche Mitgestaltung haben.

Elternarbeit und Bildungspläne

In Schleswig-Holstein sind die „Leitlinien zum Bildungsauftrag von Kindertagesstätten" in das Kindertagesstättengesetz aufgenommen worden. Auch in den anderen Bundesländern haben die Bildungspläne mehr als Empfehlungscharakter, weil sie nicht nur vorwiegend einvernehmlich mit den Verbänden abgestimmt worden sind, sondern teilweise – wie in Schleswig-Holstein – Eingang in die KiTa-Gesetze gefunden haben. Dort, wo dies noch nicht der Fall ist, wird es voraussichtlich bei der nächsten Gesetzes-Novellierung geschehen. In den Bildungsplänen aller Länder wird die Notwendigkeit der Zusammenarbeit mit Eltern besonders hervorgehoben.
So heißt es beispielsweise in den „Leitlinien" des Landes Schleswig-Holstein: „Die Kindertageseinrichtung ist für das Kind der erste öffentliche pädagogisch gestaltete Bildungsort. Die Erfahrungen, die Kinder hier machen können, sind zum Teil andere als in der Familie und später in der Schule. Auch wenn gerade diese Verschiedenheit der Bildungsorte für Kinder eine Bildungschance bietet, empfiehlt sich die Kooperation der für die Bildungsprozesse verantwortlichen Erwachsenen. Mütter, Väter, Erzieherinnen und Lehrkräfte sollen sich als Partner in der Gestaltung von Bildungsmöglichkeiten verstehen und das gemeinsame Gespräch suchen. Grundvoraussetzung ist, dass es ein gemeinsames Verständnis über die Bedeutung von Bildung, die Art des Lernens und die Inhalte der Bildungsprozesse gibt. Es geht nicht darum, die Bildungsorte anzugleichen, sondern darum, die Leistungen des jeweils anderen Bildungspartners anzuerkennen, zu verstehen, zu akzeptieren und sich gegebenenfalls auseinanderzusetzen. Durch eine solche Kooperation entsteht für die Kinder eine größere Kontinuität ihrer Lernmöglichkeiten." Das bedeutet: Institutionelle Bildung und Erziehung können nur in enger Zusammenarbeit mit den Eltern positive Wirkung entfalten.

Elternversammlung und Elternbeirat

Der Gesetzgeber verpflichtet die Kindertageseinrichtungen zur Zusammenarbeit mit den Eltern. In § 22 a Abs. 2 SGB VIII heißt es: „Die Erziehungsberechtigten sind an den Entscheidungen in wesentlichen Angelegenheiten der Erziehung, Bildung und Betreuung zu beteiligen." Das bedeutet auch:

- Eltern sind rechtzeitig über wichtige Entscheidungen und Veränderungen zu informieren und es ist ihnen Gelegenheit zu geben, sich dazu zu äußern und die Einrichtung ggf. zu beraten (ein Entscheidungsrecht räumt der Gesetzgeber allerdings nicht ein),
- Eltern sind durch die Wahl eines Elternbeirats am Erziehungs- und Bildungsgeschehen zu beteiligen (was allerdings durch die Kindertagesstättengesetze der Länder geregelt wird).

Den institutionellen Rahmen für die Beteiligung der Eltern bieten Gremien wie Elternversammlung und Elternbeirat. Es empfiehlt sich, schriftliche Vereinbarungen über die Zusammenarbeit zwischen KiTa und Elternbeirat zu treffen. Denn was „wesentliche Angelegenheiten" sind, entscheiden letztlich die Betroffenen.

Elternversammlung

Die Elternversammlung setzt sich aus den Erziehungsberechtigten all derjenigen Kinder zusammen, die aktuell die Kindertageseinrichtung besuchen. Erziehungsberechtigt sind

in der Regel die Eltern oder Personen, denen anstelle der Eltern die Erziehung des Kindes obliegt. Die Erziehungsberechtigten müssen geschäftsfähig sein und dürfen nicht zum Personal des Arbeitgebers gehören. Ein Elternpaar hat bei Abstimmungen und/oder Entscheidungen gewöhnlich zusammen nur eine Stimme. Die Abstimmungen finden offen statt, sofern nicht ein Fünftel der Anwesenden eine geheime Abstimmung wünscht. Die Beschlüsse der Elternversammlung werden mit den Stimmen der Mehrheit der anwesenden stimmberechtigten Erziehungsberechtigten gefasst.

Beispiel: Umgestaltung der KiTa

In der KiTa „Zum Schlosspark" gibt es Meinungsverschiedenheiten. Ein Teil der Elternschaft möchte dem Anliegen der pädagogischen Fachkräfte, die KiTa in eine offene Einrichtung umzuwandeln, nicht folgen. Auf einer Elternversammlung soll nun ein Beschluss herbeigeführt werden. Von den 24 stimmberechtigten Eltern sind jedoch nur 11 anwesend, da am selben Abend ein spannendes Fußballspiel im Fernsehen übertragen wird. Die Abstimmung geht zugunsten der Erzieherinnen

aus: Die KiTa soll umgestaltet werden. Frau Müller, eine nicht anwesende Mutter, wendet sich an den Elternbeirat, um das Ergebnis anzufechten. Sie wirft den Fachkräften vor, absichtlich einen unattraktiven Termin gewählt zu haben, um das Ergebnis in ihrem Sinne zu beeinflussen. Außerdem – so argumentiert sie – ist das Ergebnis sowieso nicht verbindlich, weil nicht einmal die Hälfte aller Erziehungsberechtigten anwesend war. Was diesen zweiten Teil ihrer Vermutung angeht, hat Frau Müller tatsächlich Recht. Die Elternversammlung ist nur dann beschlussfähig, wenn mindestens die Hälfte der wahl- und stimmberechtigten Erziehungsberechtigten anwesend ist. Wird die Versammlung zu einem unpassenden Termin einberufen, mag das zwar unklug sein, anfechtbar ist es aber nicht.

Einberufung der Elternversammlung

Der Träger der Einrichtung beruft einmal im Jahr die Elternversammlung ein, auf der der Elternbeirat zu wählen ist. Das muss spätestens bis zum 1. Oktober jeden Jahres geschehen. Darüber hinaus ist eine Elternversammlung immer dann anzube-raumen, wenn dies von mindestens der Hälfte der wahl- und stimmberechtigten Erziehungsberechtigten schriftlich gegenüber dem Träger der Kindertageseinrichtung gewünscht wird. Die Einberufung muss mindes-

Den institutionellen Rahmen für die Elternbeteiligung bieten Elternversammlung und -beirat.

tens 14 Tage vor dem Tag der Elternversammlung schriftlich erfolgen.

Wahl des Elternbeirats

Die Elternversammlung wählt aus ihrer Mitte für die Dauer eines Jahres und in geheimer Wahl einen Elternbeirat. Dieser besteht aus einem/einer wählbaren Erziehungsberechtigten und einem/einer Stellvertreter/in für jede Gruppe der Einrichtung. Die Elternversammlung muss keine Vollversammlung sein, sie kann auch in den Gruppen stattfinden. Die Wahl wird durch einen Wahlausschuss geleitet. Jede/r Wahlberechtigte kann Vorschläge unterbreiten (auch auf Zuruf, wenn es so beschlossen wurde). In alphabetischer Reihenfolge werden die vorgeschlagenen Personen gefragt, ob sie die Kandidatur annehmen. Den KandidatInnen ist Gelegenheit zu geben, sich vorzustellen, den Wahlberechtigten, sie zu befragen. Erhalten KandidatInnen die gleiche Stimmenzahl, entscheidet eine Stichwahl. Führt auch die nicht zu einem eindeutigen Ergebnis, entscheidet das Los. Es dürfen nur einheitliche Stimmzettel verwendet werden. Die Stimmabgabe kann auch durch Handzeichen erfolgen, wenn alle damit einverstanden sind. Vom Ergebnis der Wahl ist ein Protokoll anzufertigen. Über weitere Wahlmodalitäten gibt der Träger Auskunft.

Elternbeirat

Der Elternbeirat arbeitet ehrenamtlich. Der Träger stellt dem Elternbeirat hierfür kostenlos Räume zur Verfügung und übernimmt die Sachkosten. Über die Arbeit des Elternbeirats ist Stillschweigen zu wahren. Das gilt auch für die Zeit nach Beendigung der Wahlperiode. Alle Angelegenheiten sind absolut vertraulich zu behandeln. Verstößt ein Mitglied des Elternbeirats gegen dieses Prinzip – ob nun vorsätzlich oder fahrlässig –, kann es auf Antrag der anderen Beiratsmitglieder ausgeschlossen werden.

Beispiel: Änderung der Öffnungszeiten

Der Elternbeirat möchte die Öffnungszeiten der Kindertagesstätte ändern und fällt einstimmig einen entsprechenden Beschluss. Als er diesen dem Träger und der KiTa-Leitung mitteilt, sind beide empört. Nach eingehender Prüfung der Aufgaben des Elternbeirats stellt sich heraus, dass dieser keinerlei Weisungsbefugnis gegenüber dem Träger und der Leitung besitzt. Er vertritt lediglich die Interessen der Erziehungsberechtigten. Dennoch tun beide gut daran, die Elterninteressen ernst zu nehmen.

Aufgaben des Elternbeirats

Der Elternbeirat vertritt die Interessen der Erziehungsberechtigten. Er soll zu folgenden Belangen gehört werden:
• Grundsatzentscheidungen über den Haushaltplan der KiTa,
• Änderung, Ausweitung oder Einschränkung der Zweckbestimmung der KiTa,

• Beratung in Personalfragen,
• Planung baulicher Maßnahmen,
• Festlegung der Kriterien für die Aufnahme von Kindern,
• Festlegung der Öffnungszeiten,
• Festlegung der Ferientermine,
• Festlegung der KiTa-Gebühren,
• Planung von Veranstaltungen aller Art,
• Aufsicht bei Ausflügen,
• Mitarbeit bei Projekten.

Der Elternbeirat ist nur dann in der Lage, seine Aufgaben angemessen wahrzunehmen und die Interessen der Erziehungsberechtigten sinnvoll zu vertreten, wenn er durch die KiTa-Leitung und den Träger regelmäßig und umfassend informiert wird. Das ist auch im Interesse der Einrichtung, da durch frühzeitige Absprachen und die Einbindung der Eltern in Entscheidungsprozesse unnötige Konflikte vermieden werden.

Hinweis:

Die bisher getroffenen Aussagen beruhen in erster Linie auf dem für alle Kindertageseinrichtungen geltenden SGB VIII. Auf dieser allgemeinen Grundlage bauen die Ländergesetze auf. Dennoch hat jedes Bundesland sein eigenes Kindertagesstättengesetz, das Regelungen enthält, die durchaus vom SGB abweichen können. Hinzu kommen die länderspezifischen Bildungspläne, die das jeweilige KiTa-Gesetz ergänzen. Es führt also kein Weg daran vorbei, das KiTa-Gesetz des Bundeslandes, in dem Sie arbeiten, zu Rate zu ziehen, wenn tatsächlich Probleme mit den Eltern auftauchen.

Beispiel: Erstellung der Konzeption

In der KiTa „Zum Gutshof" kommt es zum Konflikt zwischen Elternbeirat und ErzieherInnen-Team. Das KiTa-Gesetz des Landes sieht die Beteiligung des Elternbeirats an der Erstellung der pädagogischen Konzeption vor. Die ErzieherInnen haben jedoch in Eigenregie eine Konzeption entwickelt und diese lediglich den Eltern vorgestellt. Begründung: Wer mit dieser Konzeption nicht einverstanden ist, kann für sein Kind eine andere Tagesstätte wählen. Kommen die ErzieherInnen mit dieser Begründung durch?

Der Elternbeirat kann sich an die Aufsichtsbehörde wenden, um dort Beschwerde einzulegen. Das im KiTa-Gesetz beschriebene Recht muss dann, nach Hinweis der Aufsichtsbehörde an den Träger, in der Einrichtung umgesetzt werden. Folgen hat das Verhalten der ErzieherInnen allerdings nicht; sie werden lediglich dazu aufgefordert, das Versäumnis nachzuholen. Dennoch hätte der Konflikt mit den Eltern vermieden werden können, wenn die Fachkräfte im Vorfeld der Konzeptionserstellung das KiTa-Gesetz zu Rate gezogen hätten.

Elternmitwirkung in den KiTa-Gesetzen der Länder

Die folgenden Beispiele machen deutlich, dass die Bundesländer durchaus unterschiedliche Akzente im Rahmen der Mitwirkungsmöglichkeiten von Eltern setzen.

Beispiel Hamburg
§ 24: Mitwirkung von Eltern in Kindertageseinrichtungen

„(3) Die Sorgeberechtigten der Kinder einer Gruppe in der Tageseinrichtung bilden eine Elternversammlung. Jede Elternversammlung wählt für die Dauer eines Jahres eine Elternvertretung und eine Stellvertretung. In Kindertageseinrichtungen mit mehr als drei Gruppen wird ein Elternausschuss gebildet. Er setzt sich aus den gewählten Elternvertretern der Gruppen zusammen. (...)
(6) Weitere Einzelheiten der Mitwirkung der Sorgeberechtigten können im Rahmen der Qualitätsentwicklungsvereinbarungen festgelegt werden. (...)"

§ 25: Bezirks- und Landeselternausschuss

„(1) In jedem Bezirk wird ein Bezirkselternausschuss gebildet, der sich aus den gewählten Eltern derjenigen Tageseinrichtungen zusammensetzt, die mindestens drei Gruppen umfassen. (...) Der Bezirkselternausschuss wählt aus seiner Mitte eine Vertretung für den Landeselternausschuss."

Beispiel Schleswig-Holstein
§ 17: Elternversammlung und Elternvertretung

„(1) Die Erziehungsberechtigten der Kinder, die die Kindertageseinrichtung besuchen, sind an den Entscheidungen in wesentlichen Angelegenheiten der Kindertageseinrichtung zu beteiligen. Die Erziehungsberechtigten bilden die Elternversammlung. (...)
(3) Die Elternversammlung wählt (...) eine Elternvertretung mit mindestens einer Sprecherin oder einem Sprecher.
(4) Die Elternvertretung nimmt folgende Aufgaben wahr:
1. Sie beruft mindestens einmal jährlich im Benehmen mit dem Träger der Kindertageseinrichtung die Elternversammlung ein. (...)
3. Sie vertritt in Kindertageseinrichtungen mit zwei oder mehr Vormittagsgruppen die Interessen der Erziehungsberechtigten und ihrer Kinder im Beirat."

§ 18: Beirat

„(1) In einer Kindertageseinrichtung mit zwei oder mehr Vormittagsgruppen ist ein Beirat einzurichten. Er ist zu gleichen Teilen aus Mitgliedern der Elternvertretung, Vertreterinnen und Vertretern der pädagogischen Kräfte und des Trägers zu besetzen. Bei Kindertageseinrichtungen, die nicht von einem öffentlichen Träger betrieben werden, sind Vertreterinnen und Vertreter der Standortgemeinde hinzuzuziehen."

Beispiel Bayern
Artikel 14

„(4) Der Elternbeirat wird von der Leitung der Kindertageseinrichtung und dem Träger informiert und angehört, bevor wichtige Entscheidungen getroffen werden. Der Elternbeirat berät insbesondere über die Jahresplanung, den Umfang der Personalausstattung, die Planung und Gestaltung von regelmäßigen Informations- und Bildungsveranstaltungen für die Eltern, die Öffnungs- und Schließzeiten und die Festlegung der Elternbeiträge.
(5) Die pädagogische Konzeption wird vom Träger in enger Abstimmung mit dem pädagogischen Personal und dem Elternbeirat fortgeschrieben."

KINDERRECHTE UND PARTIZIPATION

- Die Rechte der Kinder

- Kinderrechte versus Elternrechte?

- Partizipation ist mehr als Beteiligung

- Partizipation in der Praxis

- So kann Partizipation gelingen

Die Anerkennung des Kindes als Träger eigener Rechte ist Ausdruck für ein neues Verhältnis der Generationen. Doch wie sehen diese Kinderrechte aus und welchen Verbindlichkeitsgrad haben sie? Das Wissen darüber stellt zugleich eine wichtige Voraussetzung für die Umsetzung des gesetzlich verankerten Partizipationsauftrags dar.

Die Rechte der Kinder

Bei der Beschäftigung mit den Rechten von Kindern stellt sich immer wieder die Frage, welches Maß an Verbindlichkeit sie haben. Dabei muss unterschieden werden zwischen Grundrechten, die für alle Menschen gelten, in der Verfassung festgeschrieben sind und durch den Staat garantiert werden, und internationalen Verträgen wie der UN-Kinderrechtskonvention, an die sich leider (noch) nicht alle Unterzeichnerstaaten wirklich gebunden fühlen.

Grundrechte

Grundrechte sind ganz besondere und grundlegende Rechte des Menschen, die in der Verfassung stehen und durch sie garantiert werden. Der Staat ist an diese Grundrechte gebunden; sie können nur durch andere Grundrechte außer Kraft gesetzt werden. Selbstverständlich gelten diese Grundrechte auch für Kinder. Im Hinblick auf das Grundrecht auf Menschenwürde stellt die Friedrich-Ebert-Stiftung fest: „Die Garantie der Menschenwürde enthält auch gewisse Elemente von Ansprüchen auf tatsächliche Leistungen. In engem Sinne besteht aus Art. 1 Abs. 1 S. 2 GG ein Handlungsgebot des Staates, z. B. bei der Heranbildung der Jugend durch schulische Erziehung" (Friedrich-Ebert-Stiftung 2006, S. 7).

Tipp:

Haben Sie im Team schon einmal darüber diskutiert, wie Sie die Grundrechte in Ihrer pädagogischen Praxis umsetzen? Gehört zum Leitbild Ihrer Einrichtung z. B. die freie Entfaltung der Persönlichkeit und die Gleichberechtigung der Kinder? Woran lässt sich erkennen, dass Sie diese Ziele verwirklicht haben?

Wichtige Grundrechte (Grundgesetz)

„Artikel 1
(1) Die Würde des Menschen ist unantastbar. Sie zu achten und zu schützen ist Verpflichtung aller staatlichen Gewalt. (...)
Artikel 2
(1) Jeder hat das Recht auf die freie Entfaltung seiner Persönlichkeit, soweit er nicht die Rechte anderer verletzt und nicht gegen die verfassungsgemäße Ordnung oder das Sittengesetz verstößt. (...)
Artikel 3
(1) Alle Menschen sind vor dem Gesetz gleich.
(2) Männer und Frauen sind gleichberechtigt. (...)
(3) Niemand darf wegen seines Geschlechts, seiner Abstammung, seiner Rasse, seiner Sprache, seiner Heimat und Herkunft, seines Glaubens, seiner religiösen oder politischen Anschauungen benachteiligt oder bevorzugt werden. Niemand darf wegen seiner Behinderung benachteiligt werden."

UN-Kinderrechtskonvention

1989 verabschiedeten die Vereinten Nationen die „Konvention über die Rechte des Kindes". Auf internationaler Ebene ist die Konvention das zentrale Referenzwerk, wenn es um die Verbesserung der Lebenssituation von Kindern geht. Die Unterzeichnerstaaten haben sich verpflichtet, die in dem Vertrag genannten Rechte auf nationaler Ebene umzusetzen. Mit Ausnahme der USA und Somalias haben alle Staaten der Erde die Kinderrechtskonvention unterzeichnet. Die Bundesrepublik Deutschland hat die Konvention 1992 ratifiziert, zugleich jedoch mit einer Vorbehaltserklärung eingeschränkt, von der insbesondere unbegleitete Flüchtlingskinder betroffen sind. Die UN-Kinderrechtskonvention ist Gesetz, aber auch politisches Programm, dessen Verwirklichung erkämpft werden muss. Problematisch ist, dass
• die Konvention oft „weiche", interpretationsfähige Bestimmungen enthält, die eher den Charakter von Empfehlungen als von Rechten haben.

• es keine Möglichkeit gibt, die Rechte auf internationaler Ebene einzuklagen.
Zudem bedeutet die Tatsache der Ratifizierung der Konvention nicht, dass es in den 192 Vertragsstaaten nicht noch immer massive Verletzungen der Kinderrechte gäbe (Quelle: terre des hommes, www.tdh.de).

Die wichtigsten Prinzipien
Auch wenn die Konvention noch nicht für alle Unterzeichnerstaaten Verbindlichkeitscharakter hat, so hat sie dennoch politisches Gewicht. „Die in der UN-Kinderrechtskonvention niedergelegten Mindeststandards haben zum Ziel, die Würde, das Überleben und die Entwicklung aller Kinder auf der Welt sicherzustellen. Der Kinderrechte-Ansatz basiert auf folgenden Prinzipien:
1. Das Prinzip der Kinder als Träger eigener Rechte.
2. Das Prinzip der Unteilbarkeit der Rechte: Alle Rechte sind gleich wichtig.
3. Das Prinzip der Universalität der Rechte: Alle Kinder haben gleiche Rechte.

4. Die vier allgemeinen Prinzipien der Kinderrechtskonvention
   - Das Recht auf Nicht-Diskriminierung (Artikel 2)
   - Der Vorrang des Kindeswohls (Artikel 3)
   - Das Recht auf Leben und bestmögliche Entwicklung (Artikel 6)
   - Berücksichtigung des Kindeswillens (Artikel 12)
5. Das Prinzip der Verantwortungsträger: Familie, Gesellschaft und Politik tragen Verantwortung für die Verwirklichung der Kinderrechte.

In den 54 Artikeln der Kinderrechtskonvention werden Kindern umfassende Schutz-, Förder- und Beteiligungsrechte zuerkannt. Die in dem „Gebäude der Kinderrechte" wichtigsten Rechte finden sich in den Artikeln 2, 3, 6 und 12.

Schutzrechte

Der Artikel 2 enthält ein umfassendes Diskriminierungsverbot. Alle Rechte gelten für jedes Kind, unabhängig von Rasse, Hautfarbe, Geschlecht, Sprache, Religion, politischer oder sonstiger Anschauung,

gung einschließlich des sexuellen Missbrauchs; Artikel 22: Schutz von Kinderflüchtlingen; Artikel 30: Schutz von Minderheiten; Artikel 32: Schutz vor wirtschaftlicher Ausbeutung; Artikel 33: Schutz vor Suchtstoffen; Artikel 34: Schutz vor sexuellem Missbrauch; Artikel 35: Schutz vor Entführung; Artikel 36: Schutz vor Ausbeutung jeder Art; Artikel 37: Schutz in Strafverfahren und Verbot von Todesstrafe und lebenslanger Freiheitsstrafe; Artikel 38: Schutz bei bewaffneten Konflikten.

Förderrechte

In Artikel 3 ist der Vorrang des Kindeswohls festgeschrieben, demzufolge das Wohl des Kindes bei allen Gesetzgebungs-, Verwaltungs- und sonstigen Maßnahmen öffentlicher oder privater Einrichtungen vorrangig zu berücksichtigen ist. Alle, die für die Entwicklung eines Kindes Verantwortung tragen, sind verpflichtet, das Kind entsprechend seinem Entwicklungsstand bei der Wahrnehmung seiner Rechte zu unterstützen.
Artikel 6 enthält das Recht auf Leben

Bildung; Artikel 30: Recht auf kulturelle Entfaltung; Artikel 31: Recht auf Ruhe, Freizeit, Spiel und Erholung; Artikel 39: Recht auf Integration geschädigter Kinder.

Beteiligungsrechte

Nach Artikel 12 hat jedes Kind das Recht, in allen Angelegenheiten, die es betreffen, unmittelbar oder durch

In der Konvention werden Kindern umfassende Schutz-, Förder- und Beteiligungsrechte zuerkannt.

nationaler, ethnischer oder sozialer Herkunft, Vermögen, Behinderung, Geburt oder sonstigem Status des Kindes, seiner Eltern oder seines Vormunds.
Weitere Schutzrechte finden sich in Artikel 8: Schutz der Identität; Artikel 9: Schutz vor Trennung von den Eltern; Artikel 16: Schutz der Privatsphäre; Artikel 17: Schutz vor Schädigung durch Medien; Artikel 19: Schutz vor jeder Form körperlicher oder geistiger Gewaltanwendung, Misshandlung oder Vernachlässi-

und Entwicklung. Die Vertragsstaaten verpflichten sich, das Überleben und die Entwicklung des Kindes in größtmöglichem Umfang zu gewährleisten.
Ergänzende Förderrechte sind festgelegt in Artikel 10: Recht auf Familienzusammenführung; Artikel 15: Recht auf Versammlungsfreiheit; Artikel 17: Recht auf Zugang zu den Medien; Artikel 18: Recht auf beide Eltern; Artikel 23: Recht auf Förderung bei Behinderung; Artikel 24: Recht auf Gesundheitsvorsorge; Artikel 27: Recht auf angemessenen Lebensstandard; Artikel 28: Recht auf

Kinderkommission

Seit 1988 ist in der Bundesrepublik Deutschland eine Kinderkommission tätig, die es sich zur Aufgabe gemacht hat, die Belange von Kindern zu vertreten. Seitdem hat sich die Situation von Kindern in Deutschland zwar maßgeblich verbessert, dennoch ist die Arbeit der Kommission auch heute keineswegs überflüssig, „denn Kinder werden immer noch nicht selbstverständlich als eigenständige Persönlichkeiten mit Rechten und Bedürfnissen angesehen und respektiert" (Kinderkommission anlässlich ihrer konstituierenden Sitzung am 19.2.2003). Die Kinderkommission ist ein Unterausschuss des Ausschusses für Familie, Senioren, Frauen und Jugend des Deutschen Bundestags, dem VertreterInnen aus allen Fraktionen angehören. Ziel der Kinderkommission ist es, Deutschland noch kinderfreundlicher zu machen, Kinderarmut zu bekämpfen, angemessene Lebensbedingungen für Kinder zu schaffen und Kinderpolitik als Querschnittaufgabe in allen Politikbereichen zu etablieren. Die Kinderkommission gibt die Broschüre „Kinder haben Rechte" heraus (www.bundestag.de/aktuell/presse/2003pz_0301294.html, Stichwort: Kiko_brosch.pdf).

einen Vertreter gehört zu werden. Die Meinung des Kindes muss angemessen und entsprechend seinem Alter und seiner Reife berücksichtigt werden.

Weitere Beteiligungsrechte der Kinder sind niedergelegt in Artikel 13: Recht auf freie Meinungsäußerung sowie auf Informationsbeschaffung und -weitergabe und in Artikel 17: Recht auf Nutzung kindgerechter Medien" (Maywald 2002).

Kinderrechte versus Elternrechte?

Das Spannungsfeld zwischen Elternrechten und Kinderrechten wird u. a. daran deutlich, dass die Bundesrepublik Deutschland die UN-Kinderrechtskonvention auch deshalb nicht vorbehaltlos anerkannt hat, weil Artikel 6 des Grundgesetzes staatliche Eingriffe – und eine vollständige Ratifizierung der Konvention wäre ein solcher Eingriff – in die elterliche Erziehung weitestgehend verbietet. Nichtsdestotrotz wird die Aufnahme von Kinderrechten in die Verfassung

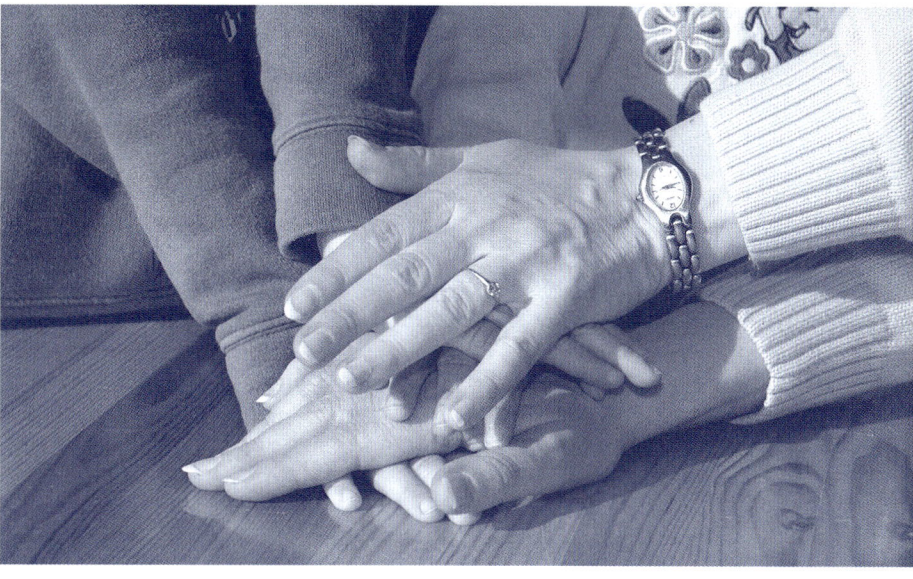

Die Anerkennung des Kindes als Träger eigener Rechte ist Ausdruck für ein neues Generationenverhältnis.

von PolitikerInnen und Organisationen, die sich für die Rechte der Kinder einsetzen, immer wieder gefordert, weil der Staat, so die Argumentation, gegenüber den Kindern eine besondere Schutz- und Förderfunktion habe. Diese Forderung wurde 2006 – im Zusammenhang mit dem gewaltsamen Tod des zweijährigen Kevin aus Bremen – durch die Bundesfamilienministerin erneuert. Der spektakuläre Fall, bei dem die

zuständigen Behörden aufgrund ihres Nichteingreifens völlig versagten, macht erneut deutlich, dass Elternrecht niemals auf Kosten des Kindeswohls gehen darf. Dazu ein Zeitungsbericht:

„(...) Redner aller Parteien äußerten sich gestern entsetzt darüber, dass der unter Amtsvormundschaft gestellte Kevin bei seinen drogensüchtigen und vorbestraften Eltern bleiben durfte, obwohl es zahlreiche Hinweise auf Misshandlungen und Vernachlässigungen gegeben habe. Nach dem Tod der Mutter durfte sich deren Lebensgefährte Bernd K. um Kevin kümmern. Als das Kind dann doch in eine Pflegefamilie gebracht werden sollte, lag es bereits seit Wochen tot in K.s Kühlschrank. Übereinstimmend forderten die Redner, dass das Kindeswohl im Zweifel Vorrang vor Elternrechten haben müsse. (...)" (Badische Zeitung vom 3.11.2006).

Gleichheit und Differenz

„Die Anerkennung des Kindes als Träger eigener Rechte ist Ausdruck für einen tief greifenden Wandel im Verhältnis der Erwachsenen zu den Kindern. Hier zeigt sich der Übergang zu einem neuen Generationenverhältnis. An die Stelle der Unterordnung des Kindes unter den Willen und die Macht der Eltern tritt eine Beziehung auf der Basis gleicher Grundrechte, in der die Würde und die Rechte des Kindes neben denen der Erwachsenen einen selbstverständlichen Platz einnehmen. Dieser Perspektivenwechsel darf aber nicht zur Folge haben, tatsächlich bestehende Unterschiede zwischen Erwachsenen und Kindern einfach einzuebnen: Kinder sind keine kleinen Erwachsenen. Auf Grund ihres Alters, auf Grund ihrer sich noch entwickelnden körperlichen und geistigen Fähigkeiten und Möglichkeiten bedürfen Kinder des besonderen Schutzes und der besonderen Fürsorge. Kinder brauchen eigene Kinderrechte. Sie brauchen ein Recht auf Kindheit, und zwar auf einen Schon- und Spielraum, in dem Verantwortlichkeit wachsen und eingeübt werden kann. In dieser Spannung zwischen Gleichheit einerseits – Kinder sind Menschen – und Differenz andererseits – Kinder haben altersbedingte spezifische Bedürfnisse – liegt das besondere Verhältnis zwischen Erwachsenen und Kindern. Immer mehr setzt sich deshalb durch, das Elternrecht ausschließlich als pflichtgebundenes, treuhänderisches Recht zu verstehen, das seine Grenze am Wohl des Kindes findet. Elternrecht heißt heutzutage vor allem Elternverantwortung. Diese Verantwortung beinhaltet das Recht und die Pflicht der Eltern, ,das Kind bei der Ausübung (seiner) anerkannten Rechte in einer seiner Entwicklung entsprechenden Weise angemessen zu leiten und zu führen' (Artikel 5 der UN-Kinderrechtskonvention)" (Maywald 2002).

Partizipation ist mehr als Beteiligung

Partizipation ist nichts Neues. Schon Maria Montessori betonte die Eigenaktivität des Kindes („Hilf mir, es selbst zu tun"), in der Zeit der Kinderladenbewegung wurden Selbstbestimmungsrechte von Kindern erprobt und auch der Situationsansatz der 70er-Jahre beruht auf einer partizipatorischen Grundlage. Doch obwohl Partizipation bereits eine Geschichte hat, scheint es immer noch so zu sein, dass Kinder nur begrenzte Möglichkeiten haben, ihre Belange zu artikulieren und durchzusetzen. Schon Janusz Korczak sagte: „Kinder und Fische haben keine Stimme" (Korczak 1976, S. 45). In der Regel sind Kinder darauf angewiesen, dass Erwachsene ihre Interessen und Bedürfnisse richtig wahrnehmen, interpretieren und vertreten. Das gelingt ihnen natürlich nicht immer; sie haben nicht immer Interesse daran und sie tun es häufig nicht mit den richtigen Mitteln.

Rechtliche Grundlage

Ein Meilenstein zur Verwirklichung der Rechte Minderjähriger wurde 1991 durch die Einführung des Partizipationsrechts (§ 8 SGB VIII) gesetzt. Dort heißt es: „Kinder und Jugendliche sind entsprechend ihrem Entwicklungsstand an allen sie betreffenden Entscheidungen der öffentlichen Jugendhilfe zu beteiligen" (§ 8 Abs. 1). Zudem haben sie u. a. einen Anspruch darauf, auch ohne Kenntnis der Personensorgeberechtigten in Konfliktsituationen beraten zu werden (§ 8 Abs. 3). „Die wesentliche, das SGB VIII durchziehende Bedeutung des § 8 SGB VIII liegt in der programmatischen Aufforderung an die Akteure der Jugendhilfe, in der Praxis für eine aktive Beteiligung und Interessenvertretung der jungen Menschen zu sorgen" (Münder u. a. 2005, S. 72).

Was bedeutet Partizipation?

„Partizipation heißt Macht abgeben, ist aber keine Umkehrung der Machtverhältnisse! Natürlich sind Erwachsene heute wie gestern erfahrener, sie sind stärker und haben mehr Überblick. Sie tragen die Verantwortung für die nachwachsende Generation und können diese Verantwortung auch nicht unter dem Vorwand der Beteiligung abgeben. Erwachsene haben die Verantwortung für die gesundheitliche, soziale und psychische Entwicklung von Kindern und müssen im Rahmen dieser Verantwortung auch Entscheidungen ohne Beteiligung von Kindern treffen. Ich werde mit einem Vierjährigen nicht diskutieren, ob man auch bei Rot über die Ampel gehen darf, auch die Notwendigkeit des Zähneputzens ist kein Partizipationsthema. Die Partizipation an der Auswahl des Fernsehprogramms ist nur innerhalb der von mir als Mutter bestimmten Grenzen möglich (Länge des Films, Altersangaben etc.). Partizipation darf nicht bedeuten, dass Kinder alle Entscheidungen selbst treffen dürfen – und damit treffen müssen – und in Orientierungslosigkeit münden" (Raingard Knauer vom Institut für Partizipation und Bildung, Kiel, in einem Vortrag 2004).

Hinweis:

Auch für den Bereich der Beteiligungsrechte gilt: Die Ländergesetze sind sehr unterschiedlich und müssen im Zweifelsfall genau geprüft werden.

Partizipation in der Praxis

Formal wird Kindern ein Beteiligungsrecht zugestanden, in der Praxis liegt die Entscheidungsmacht jedoch zum großen Teil immer noch in den Händen der Erwachsenen. Deshalb empfiehlt Rüdiger Hansen, Mitarbeiter des Instituts für Partizipation und Bildung in Kiel, diesen Missstand durch ein strukturell verankertes Mitspracherecht der Kinder zu beseitigen. Er hält es für ein wichtiges Ziel, dass Beteiligungsformen einen festen Platz im Alltag der Kinder bekommen und in den Tageseinrichtungen präzise gefasste Beteiligungsrechte festgeschrieben werden. Eine solche Verfassung könnte wie folgt aussehen (aus: KiTa spezial: Partizipation, Sonderausgabe 4/2005, S. 16):

Beispiel: KiTa-Verfassung

„Abschnitt 2: Zuständigkeitsbereiche
§ 6 Spielbereiche ohne Aufsicht
(1) Die pädagogischen Mitarbeiterinnen und Mitarbeiter räumen Kindern, die sich diesbezüglich als zuverlässig erwiesen haben, grundsätzlich das Recht ein, bestimmte Spielräume wie den Bewegungsraum oder den Spielplatz ohne erwachsene Aufsichtspersonen zu nutzen.
(2) Über die praktische Anwendung dieses Rechts entscheidet die Dienstversammlung der pädagogischen Mitarbeiterinnen und Mitar-

beiter rechtzeitig vor den Wahlen für die nächste Legislaturperiode des Hohen Rates.
(aus der Verfassung der Kita Zwergenland)

§ 9 Mahlzeiten
(1) Die Kinder sollen unter Einbeziehung der Mitarbeiterinnen und Mitarbeiter aus dem Küchenbereich mitentscheiden über die Auswahl und die Gestaltung des Frühstücks und des Mittagessens. Das Mitspracherecht umfasst die Entscheidungen darüber, ob, was und wie viel sie essen.
(2) Die pädagogischen Mitarbeiterinnen und Mitarbeiter behalten sich jedoch das Recht vor, die Tischkultur zu bestimmen.
(aus der Verfassung der Kita Bollerwagen)"

Die Kinderstube der Demokratie

Die Eltern der Kinder dieser Einrichtungen waren anfangs durchaus nicht alle glücklich über das Maß der Beteiligung ihrer Kinder. Dennoch waren alle Erwachsenen von der großen Kompetenz der Kinder, sich für ihre Belange einzusetzen, überrascht. Das Modellprojekt „Die

Kinderstube der Demokratie" des Landes Schleswig-Holstein, durchgeführt vom Institut für Partizipation und Bildung in Kiel, zeigt, welche Beteiligungsmöglichkeiten real sind und ermutigt ErzieherInnen, den Weg der Partizipation zu gehen (Nähere Informationen zum Modellprojekt: www.Partizipation-und-Bildung.de). Wichtig ist allerdings, dass Kinder nicht durch erwachsene Formen der Beteiligung überfordert werden. In Kinderparlamenten und -versammlungen müssen andere Regeln gelten als in Elternversammlungen. Kinder benötigen keine Geschäftsordnung und müssen sich auch nicht schriftlich ausdrücken. Um sich äußern zu können, brauchen sie eine kindgerechte Form. So gibt es in der KiTa „Zum Gutshof" beispielsweise eine Glocke, die geläutet wird, wenn ein Kind etwas Wichtiges zu sagen hat. Dann kommen alle zusammen und es wird diskutiert. Anfangs ging es ein wenig turbulent zu und die Glocke wurde unmäßig oft eingesetzt. Inzwischen hat sich das System eingespielt und als brauchbares Instrument für diese Einrichtung erwiesen.

So kann Partizipation gelingen

Nicht überall dort, wo von Partizipation geredet wird, wird sie tatsächlich auch praktiziert. Wollen ErzieherInnen in ihrer KiTa eine echte Partizipationskultur verwirklichen, sollten sie sich – gemeinsam im Team – an den folgenden Prüfsteinen orientieren.

Prüfstein 1: Welches Bild vom Kind haben wir?

Jeder pädagogischen Beziehung liegt ein spezifisches Bild vom Kind zugrunde. Beteiligung setzt voraus, dass das Kind als gleichberechtigter, wenn auch andersartiger Partner akzeptiert wird.

Prüfstein 2: Wie kommunizieren wir mit den Kindern?

Hören wir den Kindern aufmerksam zu? Stellen wir Fragen, statt immer Antworten parat zu haben? Ermutigen wir die Kinder, selbst Lösungen zu entwickeln? Erfahren die Kinder auch im Alltag: Die Erwachsenen interessieren sich für mich, nehmen sich Zeit für mich, hören mir zu, auch wenn ich Zeit für das Finden der richtigen Worte brauche. Partizipation braucht den Dialog, die respektvolle Begegnung.

Prüfstein 3: Wird die Praxis dem formulierten Ziel gerecht?

Kinder erfahren in alltäglichen Lebenssituationen, ob sie ernst genommen werden oder nicht. Ich habe Kindertagesstätten erlebt, in denen Partizipation den Schwerpunkt der Konzeption darstellte, und beobachtete zugleich, dass Erzieherinnen keine Zeit hatten, um den Kindern beim Binden der Schnürsenkel geduldig zuzuschauen, ihnen das Wort abschnitten, sich keine Zeit für ausführliche Gespräche nahmen oder die Kinder mit an Erwachsenen orientierten Beteiligungsformen überforderten.

Prüfstein 4: Woran werden die Kinder schon beteiligt?

Keine KiTa fängt heute in Sachen Partizipation bei Null an. In jeder Einrichtung gibt es Entscheidungen, die mit den Kindern zusammen getroffen werden. Eine Auflistung dieser bereits gelebten Beteiligung kann motivierend wirken und neue Ideen entstehen lassen.

Prüfstein 5: Woran können die Kinder zusätzlich beteiligt werden?

Es gibt kaum Entscheidungen, an denen Kinder nicht beteiligt werden können. Dabei sollte aber auf jeden Fall darauf geachtet werden, dass sie genau wissen, worüber sie entscheiden, und dass die Entscheidung keine Überforderung bedeutet. Es sollte sich jedoch immer um ernsthafte Dinge handeln, die keine Alibifunktion haben. Partizipation darf nicht zur Spielwiese verkommen.

Prüfstein 6: Sind die Beteiligungsformen kindgerecht?

Auch partizipatorische Aktivitäten müssen zielgruppenorientiert, d. h. auf das einzelne Kind abgestimmt sein. Das Kind sollte von der Fragestellung tatsächlich betroffen sein und das Beteiligungsverfahren muss altersentsprechend gestaltet werden. So können die beliebten Kinderkonferenzen und -parlamente kleine Kinder durchaus überfordern. In diesem Zusammenhang spielen Beobachtung und Dokumentation eine wichtige Rolle. Bei den Jüngsten in der KiTa kann u. a. auf diesem Weg erforscht werden, was gewünscht wird, während ältere Kinder direkt befragt werden können.

Prüfstein 7: Stehen wir als „ProzessbegleiterInnen" zur Verfügung?

Kinder brauchen Erwachsene, die ihnen die nötigen Rahmenbedingungen (z. B. Kopiergerät, Telefon, entsprechende Räume, die genutzt werden können) und bei Bedarf ihre Ressourcen zur Verfügung stellen. Sie können den Kontakt zu anderen Erwachsenen herstellen, wenn die Kinder das wünschen und dazu alleine nicht in der Lage sind, Kommunalpolitiker einbinden und bei Aushandlungsprozessen helfen. Sie stellen „Übungsräume" zur Verfügung und lassen Situationen zu, in denen Kinder Demokratie üben. Sie begleiten den Prozess, indem sie mit den Kindern über deren Erfahrungen sprechen und sie ermutigen, sich in den ihnen eigenen Formen auszudrücken.

Prüfstein 8: Ist für die Kinder der Erfolg ihres Bemühens sichtbar?

Kinder wollen schnell Erfolge sehen. Wer mit darüber entscheidet, dass das Außengelände der KiTa umgestaltet werden soll, an der Planung teilhat und dann schon die Schule besucht, wenn der erste Spatenstich erfolgt, wird sich so schnell nicht wieder an einem aufwändigen Projekt beteiligen. Je jünger die Kinder sind, umso zeitnaher muss die Realisierung erfolgen. Bei großen Projekten ist es notwendig, immer wieder Zwischenergebnisse zu präsentieren.

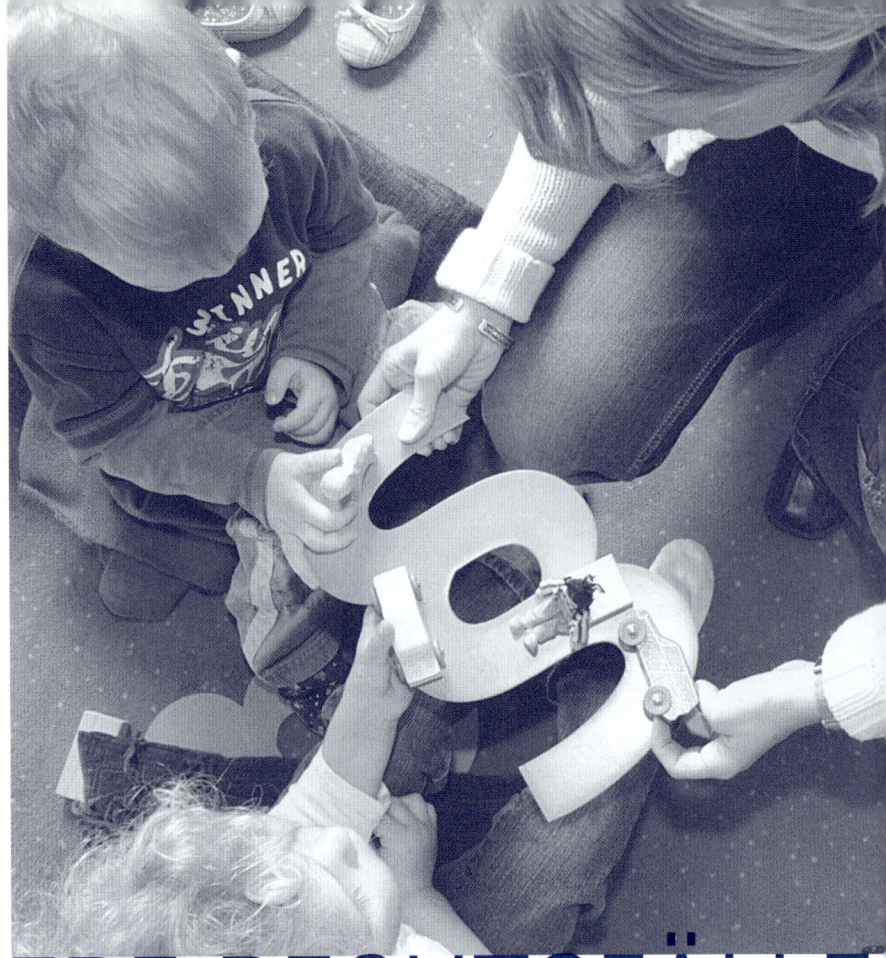

BESONDERE RECHTSFÄLLE IM KITA-ALLTAG

- Medikation durch die Erzieherin

- Der KiTa-Schlüssel ist weg

- Rauchen am Arbeitsplatz KiTa

- Aufsichtspflicht im Praktikum

- Delegation pflegerischer Tätigkeiten

Darf die Erzieherin einem Kind Medikamente verabreichen? Haftet sie, wenn sie den KiTa-Schlüssel verliert, und ist es ihr erlaubt, in der Einrichtung zu rauchen? ErzieherInnen sind ständig mit rechtlichen Fragen konfrontiert, die sich nicht auf Anhieb beantworten lassen. Dieses Kapitel gibt wichtige Informationen zu einigen besonderen Rechtsfällen.

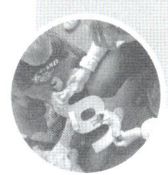

Medikation durch die Erzieherin

In Kindertageseinrichtungen haben ErzieherInnen immer wieder mit Kindern zu tun, die plötzlich erkranken, deren Krankheitssymptome während des Tages aufbrechen oder die ein chronisches Leiden wie Neurodermitis, Asthma oder eine andere Beeinträchtigung haben, die sie zwar nicht am Besuch der KiTa hindert, aber dennoch eine Einnahme von Medikamenten erforderlich macht. Auch manch ein behindertes Kind benötigt während seines Aufenthalts in der KiTa ein bestimmtes Medikament. Und auch nach einer überstandenen Krankheit ist in einzelnen Fällen noch eine zeitweilige Medikation notwendig. Diese zu verweigern würde den Ausschluss der betroffenen Kinder bedeuten.

Zum Beispiel Paul

Paul, ein Kind aus der KiTa „Am Schlosspark" ist HIV-infiziert. Paul ist neu in der Einrichtung und die ErzieherInnen sind mit dem Problem seiner Medikation nicht vertraut. Seine Eltern scheinen das alles ganz gelassen zu sehen und eigentlich macht Paul auch nicht den Eindruck, krank zu sein. Doch dürfen die ErzieherInnen sich tatsächlich auf den Wunsch der Eltern einlassen und ihm Medikamente verabreichen? Eine heftige Diskussion entbrennt, zu der schließlich ein Arzt hinzugezogen wird.

Verabreichung von Medikamenten

Medikamente gehören in die Hand von Ärzten, Krankenschwestern und anderem, für den Umgang damit ausgebildetem Personal. Allerdings zählen Eltern in der Regel auch nicht zu den medizinisch ausgebildeten Fachkräften. Sie erhalten quasi vom Arzt, der sie in den Umgang mit dem Medikament einweist, mündlich die

Eine schriftliche Erlaubniserklärung der Sorgeberechtigten ist zwingend notwendig.

Erlaubnis zur Medikamentvergabe. Diese kann durchaus von den Sorgeberechtigten auf eine Erzieherin übertragen werden. Eine Weigerung der Erzieherin, die den Ausschluss des Kindes bedeuten würde, widerspräche dem Integrations- und Fördergebot des SGB VIII. Jedoch ist hier eine schriftliche Erlaubniserklärung der Sorgeberechtigten zwingend notwendig. Die KiTa-Satzung sollte für solche Fälle bereits eine Passage enthalten, die die Verabreichung von Medikamenten regelt. Das könnte beispielsweise folgendermaßen aussehen:
„§ 9 Krankheit, Medikation
(1) Medikamente dürfen nur im äußersten Notfall gemäß ärztlicher Verordnung verabreicht werden, wenn eine schriftliche Berechtigungserklärung der Sorgeberechtigten vorliegt. Eine eigenmächtige Medikation ist ausgeschlossen."

Die Erzieherin Marita K. fühlt sich trotz dieser Bestimmung unsicher und überfordert. Sie weigert sich, Paul die Medikamente zu verabreichen, weil sie befürchtet, dass es sich um ausgesprochen starke Arzneimittel handelt, bei deren Dosierung ihr Fehler unterlaufen könnten.

Diese Bedenken sind durchaus verständlich und nachvollziehbar. Vielleicht könnten sie aufgelöst werden, indem Pauls Arzt der Erzieherin die Wirkung der Medikamente und die erforderliche Dosierung genau erläutert. Natürlich kann auch eine Kollegin die Medikation übernehmen. Grundsätzlich kann eine Erzieherin trotz des Integrations- und Fördergebots nicht gezwungen werden, einem Kind Medikamente zu verabreichen.

Was noch zu bedenken ist

ErzieherInnen dürfen eigenmächtig keine Medikamente verabreichen. Das gilt für Nasentropfen ebenso wie für Fieberzäpfchen. Selbst die Verabreichung eines alkoholfreien Hustensaftes könnte theoretisch als Körperverletzung betrachtet werden. In einer akuten Situation muss deswegen unbedingt ein Arzt gerufen werden.

Marita K. hat erlebt, dass Eltern sehr sorglos mit Medikamenten umgehen. So bekam Sina nicht nur Ritalin gegen ihr Aufmerksamkeitsdefizit-Syndrom (ADS), sondern auch bei jeder sich anbahnenden Erkältung Fieberzäpfchen. Marita K. sah sich gezwungen, die Eltern auf das Problem hinzuweisen, um sich nicht mitschuldig zu machen. Das war genau die richtige Vorgehensweise, hat aber auch zu großem Ärger und zu Sinas Abmeldung aus der Einrichtung geführt. Die Skepsis von Marita K. im aktuellen Fall von Paul ist also berechtigt.

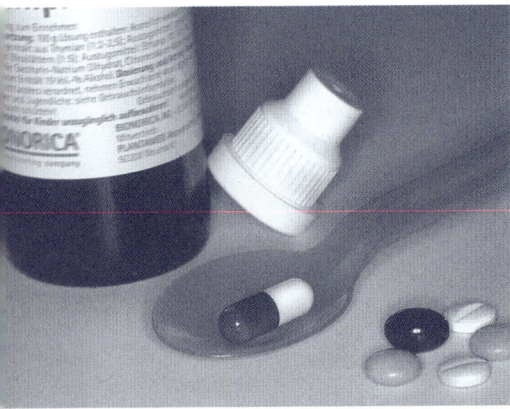

Hinweis:

Sollte sich die KiTa für die Vergabe
von Medikamenten entscheiden,
muss auf jeden Fall sichergestellt
werden, dass

- die Medikamente kindersicher auf-
  bewahrt werden können,
- es nicht zur Verwechslung unter-
  schiedlicher Medikamente kommen kann,
- die ErzieherInnen über ausreichende Kenntnisse und Informationen
  verfügen, die eine ordnungsgemä-
  ße Verabreichung garantieren,
- es einen Ort in der Einrichtung gibt,
  an dem das Medikament verabreicht werden kann, ohne dass alle
  anderen Kinder zuschauen müssen.

Fehler wie z. B. eine falsche Dosierung werden immer der betreffenden
Erzieherin zur Last gelegt. Da bietet
auch kein Formblatt rechtlichen
Schutz. Für den Fall, dass es zu
einem Schaden kommt, wird immer
auch die Frage der Fahrlässigkeit
geprüft.

Der KiTa-Schlüssel ist weg

Die Leiterin der KiTa, Frau B., befindet sich auf einer Fortbildung, der
Hausmeister in einem Streik. Nun
muss die stellvertretende Leiterin,
Frau A., die Schlüsselgewalt für die
Einrichtung übernehmen. Sie tut das
nur ungern, denn sie weiß, dass ein
etwaiger Schlüsselverlust unange-
nehme Folgen haben kann. Eine spezielle Schlüsselversicherung will
Frau A. für die paar Tage aber nicht
abschließen; sie ist sich auch gar
nicht sicher, ob das notwendig ist.
Einen Tag später bereut Frau A. ihre
Entscheidung bereits. Der Schlüssel
ist weg, stattdessen findet sie ein
großes Loch in ihrer Hosentasche.
Sämtliche Schlösser in der Einrichtung müssen nun ausgetauscht werden – das wird sehr teuer. Frau A.
fürchtet die Kosten und glaubt, dass
sie für den entstandenen Schaden
haften muss.

Haftung nach Schlüsselverlust

Frau A. hat einen Arbeitsvertrag
nach BAT (Bundesangestelltentarif).
Das bedeutet, dass sie nur dann für
einen Schaden haften muss, wenn
sie grob fahrlässig oder vorsätzlich
gehandelt hat. Das ist ihr aber nicht
nachzuweisen. Für ein Loch in der
Hosentasche kann sie schließlich
nichts. Der Arbeitgeber wird den
Schaden regeln. Anders sähe es aus,
wenn Frau A. den Schlüssel im
Schloss stecken gelassen, ihn in
ihrem offenen Wagen auf dem
Nebensitz vergessen oder ihn einem
Kind, das als nicht besonders zuverlässig gilt, anvertraut hätte. Diese
Verhaltensweisen gelten als grob
fahrlässig, denn die erforderliche
Sorgfalt wird dabei außer Acht
gelassen. Die Erzieherin müsste also
für den Schaden haften.

Haftungsverteilung zwischen Arbeitgeber und Arbeitnehmer

„Bei leichter Fahrlässigkeit trägt
der Arbeitgeber den vollen Schaden. Liegt mittlere Fahrlässigkeit
vor, wird der Schaden zwischen
Arbeitgeber und Arbeitnehmer
geteilt. Bei grober Fahrlässigkeit
oder Vorsatz haftet der Arbeitnehmer in voller Höhe. Zu beachten ist,
dass der neue Tarifvertrag für den
öffentlichen Dienst (TvöD) vom 13.
September 2005 die Haftungsbe-
schränkungen (...) (Haftung nur bei
Vorsatz oder grober Fahrlässigkeit)
aufgehoben hat. Die Beschäftigten
im Geltungsbereich des TvöD haften demzufolge nach den vom
Bundesarbeitsgericht entwickelten
Grundsätzen" (Schmidt 2005).

Umfang des Schadensersatzes

Bevor der Schadensersatz geltend
gemacht und die Höhe bestimmt
wird, werden Fürsorgeaspekte
gegenüber der Arbeitnehmerin
berücksichtigt. Die Schadensersatz-
höhe kann begrenzt werden, wenn
die Arbeitnehmerin

- einen geringen Verdienst hat, mit
  dem sie die Schadenshöhe kaum
  begleichen kann,
- den Verlust sofort gemeldet und
  die Umstände freiwillig und in vol-
  lem Umfang dem Arbeitgeber
  geschildert hat,
- schon sehr lange in der Einrichtung arbeitet und sich bisher nichts
  hat zuschulden kommen lassen,
- sich selbst um Schadensbegren-
  zung bemüht.

Beispiel: Ablehnung des Schlüssels

Die Erzieherin Karin S. bekommt von ihrem Arbeitgeber bei Dienstantritt einen Generalschlüssel ausgehändigt. Sie ist darüber sehr erstaunt und lehnt es ab, den Schlüssel an sich zu nehmen. Die Verantwortung ist ihr zu groß und einen triftigen Grund für die Annahme des Schlüssels kann sie nicht erkennen. Für die Erledigung ihres Arbeitsauftrags benötigt sie den Schlüssel jedenfalls nicht. Frau S. ist im Recht, sie muss den Schlüssel nicht annehmen. Tut sie es dennoch und verliert ihn, ohne fahrlässig gehandelt zu haben, liegt ein Organisationsverschulden vor, weil Frau S. keinen Schlüssel zur Erfüllung ihrer Arbeitsleistung benötigt (LAG Frankfurt am Main, Urteil vom Januar 1998 – 14 Sa 156/97 – LAGE § 249 BGB Nr. 12).

Rauchen am Arbeitsplatz KiTa

Vor der KiTa „Am Schlosspark" steht frühmorgens ein Auto. Weißer Qualm steigt aus dem offenen Schiebedach. Eltern und Kinder, die auf dem Weg in die KiTa sind, schauen interessiert zum Wagen. Darin sitzen zwei Erzieherinnen und eine Praktikantin, die rauchen. In der Einrichtung herrscht Rauchverbot. 15 Minuten später: Petra M., eine der Erzieherinnen,

begrüßt Leo freundlich. Leo erwidert die Begrüßung, hält aber deutlich Abstand und sagt schließlich: „Du stinkst!" Petra M. kommt ins Grübeln.

In manchen Einrichtungen gibt es ein Raucherzimmer, in das sich die MitarbeiterInnen zurückziehen können. Der Rauch aus diesem Raum kann

sie die Erfüllung der Aufsichtspflicht sicherzustellen und auch sonst möglichst diskret mit ihrem Rauchbedürfnis in der KiTa umzugehen. Es kann nicht im Interesse der Erzieherin sein, dass eine unausgesprochene Front gegen die „Raucherliga" entsteht, denn das schadet ihrem Ansehen.

Ein Rauchverbot durch den Träger stellt auf jeden Fall eine zu akzeptierende Maßnahme dar.

allerdings durchs ganze Haus ziehen und macht auch vor den von den Kindern genutzten Räumen keinen Halt. Aus diesem Grund besteht in vielen Einrichtungen ein generelles Rauchverbot. Die Folge sind kleine Gruppen rauchender MitarbeiterInnen vor der KiTa oder im Außengelände der Einrichtung. Ein akzeptables Bild?

Die Kindersicht

Kinder leben nicht auf einer Insel. Sie wissen, dass es Jugendliche und Erwachsene gibt, die rauchen. Das sehen sie im Elternhaus, auf der Straße, in den Medien, insbesondere in der Werbung. Vermutlich wissen Kinder trotzdem, dass die rauchenden Erwachsenen etwas tun, was nicht gesund ist. Schwer nachzuvollziehen ist für sie, dass Erwachsene ganz offensichtlich und bewusst gesundheitsschädigendes Verhalten zeigen, von den Kindern aber verlangen, genau das nicht zu tun: Kinder sollen sich sportlich betätigen und gesund ernähren, keine Süßigkeiten essen und die Zähne gründlich putzen. Ein Widerspruch?

Die Elternsicht

Gesundheitsbewusste Eltern werden Wert darauf legen, dass ihr Kind nicht von Qualm und Geruch beeinträchtigt wird. Für die Pause, die sich die rauchende Erzieherin nimmt, hat

Die KollegInnensicht

In der KiTa arbeiten zwei Raucherinnen und vier Nichtraucherinnen. Zwei- bis dreimal am Tag heißt es: „Tina, ich geh' mal eine rauchen, wirfst du einen Blick auf meine Gruppe?" Lange Zeit wurde dieses Verhalten von allen toleriert, allmählich macht sich jedoch Unmut breit. Die Nichtraucherinnen argumentieren: „Wir bestrafen uns selbst, indem wir den Raucherinnen nicht nur eine zusätzliche Pause ermöglichen, sondern in dieser Zeit auch noch doppelt belastet werden". Die ersten Kolleginnen beginnen zu rechnen: Eine Zigarettenlänge macht fünf Minuten plus Händewaschen. Sechs Zigaretten am Tag, das ist bereits eine gute halbe Stunde. Welches Recht begünstigt die rauchenden Kolleginnen? Und was ist in dieser Zeit mit der Aufsichtspflicht? Kaum eine dieser Fragen wird jedoch offen diskutiert. Denn RaucherInnen fühlen sich schnell diskriminiert und NichtraucherInnen trauen sich nicht, ihren Unmut zu äußern, weil sonst handfeste Konflikte aufbrechen könnten.

Die Trägersicht

Der Träger geht von einer einheitlichen Pausenregelung für alle aus. Das heißt, wenn es ein Raucherzimmer gibt, kann dort während der offiziellen Pause geraucht werden. Dem Träger ist aber sicher auch klar, welche Folgen das Passivrauchen für Kinder haben kann. Aufgabe der KiTa ist es, für das Wohl der Kinder Sorge zu tragen. Dieses könnte durch rauchende ErzieherInnen beeinträchtigt werden. Auch den anderen MitarbeiterInnen gegenüber hat der Träger eine Fürsorgepflicht und ist daher gehalten, für rauchfreie Zonen zu sorgen. Ein Rauchverbot durch den Träger stellt insofern auf jeden Fall eine zu akzeptierende Maßnahme dar.

Die rechtliche Seite

Die gesetzlichen Regelungen lassen ein Rauchverbot während der Arbeitszeit grundsätzlich zu. In manchen Bundesländern gibt es dazu bereits entsprechende Vorschriften. Beispiel Berlin: „In Anwesenheit von Kindern und in Räumen, die von Kindern genutzt werden, darf nicht geraucht werden" (§ 6 Abs. 4 KitaG Berlin). Und im SGB VIII heißt es: „Jugendhilfe soll (...) insbesondere dazu beitragen, positive Lebensbedingungen für junge Menschen und ihre Familien sowie eine kinder- und familienfreundliche Umwelt zu erhalten oder zu schaffen" (§ 1 Abs. 3 Nr. 4). Die persönliche Freiheit der Nichtraucherin wird von der Raucherin übrigens dadurch beeinträchtigt, dass die Raucherin Schadstoffe ausstößt.

Der Arbeitgeber ist nicht verpflichtet, ein Raucherzimmer oder einen Regenunterstand im Freien bereitzustellen. Das Rauchen kann jedoch für die Zeit der den MitarbeiterInnen rechtlich zustehenden Pausen nicht verboten werden. Laut Arbeitszeitgesetz besteht bei einem neunstündigen Arbeitstag ein Anspruch auf 30 Minuten Pause, bei mehr als neun Stunden sind es 45 Minuten. Die

Pausen können auch in Abschnitten von mindestens 15 Minuten wahrgenommen werden. Zusätzliche Raucherpausen sieht das Gesetz nicht vor.

Aufsichtspflicht im Praktikum

Merle K. ist 19 Jahre alt und Studierende an einer Fachschule für Sozialpädagogik. Sie ist im fünften Semester und absolviert zurzeit ein zehnwöchiges Praktikum in der KiTa. Als sie gerade fünf Wochen in der Einrichtung ist, reduziert eine Grippewelle die Einsatzfähigkeit der Kolleginnen drastisch. Natürlich weiß die KiTa-Leiterin, Frau Meier, dass Merle nicht die Aufgaben einer Gruppenleiterin übernehmen sollte. Da sie sich aber in den ersten Wochen als aus-

vielmehr, ob sie für diese verantwortungsvolle Aufgabe geeignet ist. Die Eignung hängt in erster Linie von folgenden Eigenschaften ab:
• Zuverlässigkeit,
• Gewissenhaftigkeit,
• Verantwortungsbewusstsein,
• Fähigkeit, die Übersicht zu behalten und bei Gefahr entschlossen einzugreifen,
• Erfahrung.

Wenn eine Praktikantin neu in der Gruppe ist oder noch kein anderes Praktikum absolviert hat, ist es fraglich, ob die Leiterin eine Aussage über deren Verantwortungsbewusstsein machen kann. Vertrauen muss sich erst entwickeln, was auch Erfahrungen mit der Kindergruppe voraussetzt. Im Fall von Merle sieht es anders aus. Sie hat nicht nur schon die Hälfte ihrer Ausbildung

Nicht die Ausbildung der Aufsichtspflichtigen ist entscheidend, sondern ob sie für diese Aufgabe geeignet ist.

gesprochen kompetent und umsichtig gezeigt hat, bittet Frau Meier sie, die Leitung der Gruppe kurzfristig zu übernehmen. Merle empfindet diese Bitte als Anerkennung und ist gerne bereit, sich der verantwortungsvollen Aufgabe zu stellen. Aber darf sie das überhaupt?

Eine Frage der Eignung

Der Träger der Einrichtung überträgt die Aufsichtspflicht seinen MitarbeiterInnen. Die Delegation der Aufsichtspflicht ist zunächst nicht an die Ausbildung der damit betrauten Person gebunden. Das bedeutet: Ob die Aufsichtspflichtige Kinderpflegerin, Sozialpädagogin, Erzieherin oder Praktikantin ist, spielt keine entscheidende Rolle. Entscheidend ist

hinter sich und dadurch auch rechtliche Kenntnisse zum Thema Aufsichtspflicht erworben. Sie hat sich auch gut eingelebt und Umsicht sowie Verantwortungsbewusstsein bewiesen. Die Leiterin konnte sich davon überzeugen, dass Merle eine vollwertige Kraft ist. Sollte sie auch nur geringste Zweifel an Merles Fähigkeiten haben oder gar vermuten, dass Merle mit der Aufgabe überfordert sein könnte, darf sie ihr selbstverständlich nicht die Aufsichtspflicht übertragen. Allerdings kann der Träger von einer 19-jährigen Fachschülerin auch erwarten, dass sie sich und ihre Fähigkeiten richtig einschätzen kann. Sollte sich Merle also überfordert fühlen, wird erwartet, dass sie das auch äußert, die Aufgabe nicht annimmt und dass gemeinsam nach einem Kompromiss gesucht wird.

Bei Verletzung der Aufsichtspflicht

Sind alle Beteiligten inklusive Merle von der Richtigkeit der Entscheidung überzeugt und trauen ihr alle zu, sich genauso umsichtig wie eine ausgebildete Erzieherin zu verhalten, haben sie auch gemeinsam die Konsequenzen der Entscheidung zu tragen, falls es aufgrund einer Aufsichtspflichtverletzung zu einer gerichtlichen Auseinandersetzung kommt. In diesem Fall wird das Gericht prüfen, ob sich der Träger ausreichend über die Qualifikation der Praktikantin informiert hat und sie wirklich befähigt war, die Aufsichtsführung zu übernehmen. Stellt das Gericht fest, dass die Praktikantin überfordert und dies vorher auch einzuschätzen war, muss der Träger (ggf. auch die Leiterin) für die Aufsichtspflichtverletzung einstehen. Bei einer Delegation der Aufsichtspflicht wird von der Leiterin erwartet, dass sie oder eine andere geeignete Person das Geschehen im Auge hat und beratend zur Seite stehen kann (vgl. auch Kapitel „Delegation der Aufsichtspflicht").

Delegation pflegerischer Tätigkeiten

In der KiTa „Zum Gutshof" werden seit einigen Monaten vier Krippenkinder betreut. Das hat die Arbeit massiv verändert. So sind z. B. viele pflegerische Tätigkeiten hinzugekommen. Die Erzieherin Frau Y. ist froh, gerade eine Praktikantin (Ausbildung zur Sozialpädagogischen Assistentin im dritten Semester) in ihrer Gruppe zu haben. Diese kann

ihr einen Teil der Arbeit abnehmen, insbesondere das Wickeln der Kleinkinder. Erstaunt ist Frau Y. allerdings, als sie von einer Kollegin hört, dass die Praktikantin Nina diese Arbeit angeblich gar nicht übernehmen darf. Nun wird heftig diskutiert: Darf Nina die Kinder wickeln? Und wenn ja, unter welchen Bedingungen? Es gibt keine allgemein verbindliche Aussage des Gesetzgebers über die Delegation einer pflegerischen Tätigkeit – wie das Wickeln eines Kindes – an PraktikantInnen. Die Frage, ob eine Praktikantin diese Tätigkeit übernehmen darf, lässt sich nur unter folgenden Aspekten klären:
• Aufsichtspflicht
• Grundsätze der Delegation

Aspekt Aufsichtspflicht

Es ist zu klären, ob die beauftragte Person in der Lage ist, die Tätigkeit gewissenhaft und selbstständig

Auswahl der richtigen Person. Im Zweifelsfall sollten die Fähigkeiten der Mitarbeiterin überprüft werden. Ergeben sich keine Bedenken, kann die Aufgabe delegiert werden.
• **Durchführungsverantwortung:** Die Person, die eine Aufgabe ausführt, trägt die Verantwortung für die korrekte Durchführung und haftet bei fehlerhafter Durchführung. Es ist zu klären, ob diese Verantwortung einer Praktikantin zugemutet werden kann (im Hinblick auf Jugendarbeitsschutzbestimmungen, Alter, soziales Verhalten, Verantwortungsbewusstsein etc.).
• **Übernahmeverschulden:** Wer eine Aufgabe übernimmt, ohne die dafür notwendigen Fachkenntnisse zu besitzen, begeht ein Übernahmeverschulden, falls etwas misslingt. Die Tätigkeit muss also abgelehnt werden, wenn zu erwarten ist,

Im Zweifelsfall sollte eine verantwortungsvolle Aufgabe nicht an eine Praktikantin delegiert werden.

durchzuführen. Dabei wird erwartet, dass sie die Aufgabe unter Anleitung und Aufsicht bereits mehrfach bewältigt und den Beweis für ihre Befähigung erbracht hat. Auch muss sichergestellt sein, dass eine Gefährdung der Kinder ausgeschlossen ist. Die Anleiterin der Praktikantin trägt die Verantwortung für die Tätigkeit und hat sich davon zu überzeugen, dass die Praktikantin diese beherrscht.

Aspekt Delegation

Hier geht es um verschiedene Verantwortungsbereiche:
• **Anordnungsverantwortung:** Die delegierende Person trägt die Verantwortung für die richtige Anordnung der Maßnahme und für die

dass die Aufgabe nicht angemessen bewältigt werden kann.
• **Organisationsverantwortung:** Eine Einrichtung wird zur Verantwortung gezogen, wenn nicht oder unzureichend qualifiziertes Personal zum Einsatz kommt und dadurch ein Schaden entsteht.

Im Zweifelsfall sollte eine verantwortungsvolle Aufgabe nicht an eine Praktikantin delegiert werden. Selbst wenn diese, falls etwas passiert, eine Mitverantwortung trägt (Übernahmeverschulden), entlastet das Anleiterin und KiTa-Leitung nicht.

Arbeitsgemeinschaft Jugendhilfe (Hg.): Forum Jugendhilfe Heft 1/2006, www.agj.de.

Becker-Textor, Ingeborg / Textor, Martin R. (Hg.): SGB VIII-Online Handbuch (1990-2005), www.sgbVIII.de.

Colberg-Schrader, Hedi / Krug, Marianne / Pelzer, Susanne: Soziales Lernen im Kindergarten, München 1991.

Fieseler, Gerhard / Schleicher, Hans / Busch, Manfred (Hg.): Kinder- und Jugendhilferecht. Gemeinschaftskommentar zum SGB VIII, 2 Bde. (Loseblattsammlung), Neuwied 2006.

Forum Erziehungshilfen: Themenschwerpunkt Kinderrechte – Profitmacht: Kompetenzen für mehr Beteiligung, Heft 1/2001, hrsg. v. Internationale Gesellschaft für erzieherische Hilfen, Frankfurt a.M. 2001.

Friedrich-Ebert-Stiftung (Hg.): Prüfung der Verbindlichkeit frühkindlicher staatlicher Förderung, Berlin 2006.

Hundmeyer, Simon: Aufsichtspflicht in Kindertageseinrichtungen, Kronach 1995.

Kazemi-Veisari, Erika: Partizipation – Hier entscheiden Kinder mit, Freiburg 1998.

KiTa spezial: Recht, Sonderausgabe 2/2005, hrsg. v. Ingrid Miklitz, Kronach 2005.

KiTa spezial: Partizipation, Sonderausgabe 4/2005, hrsg. v. Rüdiger Hansen, Kronach 2005.

Knauer, Raingard / Brandt, Petra: Kinder können mitentscheiden, Neuwied, Berlin 1998.

Korczak, Janusz: Wie man ein Kind lieben soll, Göttingen 1976.

Laewen, Hans-Joachim / Andres, Beate: Bildung und Erziehung in der frühen Kindheit, Weinheim 2002.

Maywald, Jörg: Kindeswohl und Kindesrechte. In: frühe Kindheit, Heft 4/2002 (auch unter: www.liga-kind.de/fruehe/402_maywald.php).

Müller, Gabriele: Aufsichtspflicht und Pädagogik – ein Widerspruch? In: KiTa aktuell BY Heft 5/2001.

Münder, Johannes u.a.: Frankfurter Kommentar 2003, § 8 Rz. 2. In: Forum Jugendhilfe Heft 1/2005.

Prott, Roger: Rechtshandbuch für Erzieherinnen, 7. Aufl., Neuwied, Berlin 2001.

Sahliger, Udo: Aufsichtspflicht und Haftung in der Kinderarbeit und Jugendarbeit, hrsg. v. Bundeswerk der Arbeiterwohlfahrt, Münster 1992.

Salgo, Ludwig / Zenz, Gisela / Fegert, Jörg u.a. (Hg.): Verfahrenspflegschaft für Kinder und Jugendliche. Ein Handbuch für die Praxis, Köln 2002.

Schäfer, Gerd E.: Bildungsprozesse im Kindesalter, Weinheim, München 1995.

Schleicher, Hans: Familie und Recht, 2. Aufl., Köln 2003.

Schleicher, Hans: Jugend- und Familienrecht, 10. Aufl., Köln 1999.

Schmidt, Christian (Hg.): Handbuch des Rechts für Kindertageseinrichtungen (Loseblattsammlung), Kronach 2005.

Welzien, Simone: basiswissen kita: Familien stärken – Elternbildung in der Kita, Freiburg 2006.

HINWEIS